Werner Nussgraber

WIE KANNST DU NUR …

novum pro

© 2019 novum Verlag

ISBN 978-3-99064-857-5
Lektorat: Susanne Schilp
Umschlagabbildungen: Anneliese Ingruber

Umschlaggestaltung: novum Verlag,
nach einer Idee von Christian Heiling
Layout & Satz: novum Verlag
Innenabbildungen: siehe Bildunterschriften

Die vom Autor zur Verfügung gestellten
Abbildungen wurden in der bestmöglichen
Qualität gedruckt.

Gedruckt in der Europäischen Union
auf umweltfreundlichem, chlor- und
säurefrei gebleichtem Papier.

www.novumverlag.com

Bibliografische Information
der Deutschen Nationalbibliothek:

Die Deutsche Nationalbibliothek
verzeichnet diese Publikation in
der Deutschen Nationalbibliografie.
Detaillierte bibliografische Daten
sind im Internet über
http://www.d-nb.de abrufbar.

Alle Rechte der Verbreitung,
auch durch Film, Funk und Fernsehen,
fotomechanische Wiedergabe,
Tonträger, elektronische Datenträger
und auszugsweisen Nachdruck,
sind vorbehalten.

INHALTSVERZEICHNIS

Vorwort 7

Erstes Kapitel
Wie alles begann 9
   1. Wie kann sie nur? 9
   2. Ach, wie schön sind freie Tage 17
   3. An Tagen wie diesen 26
   4. Wochenend und Sonnenschein 35
   5. Ordnung ist das halbe Leben 41
   6. Alea iacta est – die Würfel sind gefallen 48

Zweites Kapitel
Tagein, tagaus „da Daudalau" 51
   1. Was soll denn schon sein? 51
   2. Feste feste feiern 59
   3. Weihnachten 67
   4. Späte Ostern 75
   5. Pubertätsdüsen 82
   6. Rumkugeln und Globuli 88
   7. Guten Morgen, die Frühaufsteher 96
   8. Die ganze Woche 103
   9. Spaziergänge 111
  10. Besuche und Begegnungen 118
  11. Da Voda wor bei der SS 128
  12. Und jetzt? ... Und jetzt? ... Und jetzt? 131
  13. Perspektivensuche 136
  14. Sisyphus 143
  15. Grundlegendes 146

Drittes Kapitel
Und mir persönlich …? 156
   1. Die Aufopferungsfalle 159
   2. Versäumt bleibt versäumt 163
   3. Krise? 166

Viertes Kapitel
Alles hat ein Ende …? 172
   1. Die Vergänglichkeit 172
   2. Ein Schlag ins Gesicht 176
   3. Change 183
   4. Aufbruch 187
   5. Ein stummes Lächeln 193
   6. Da Heim 197
   7. Der Ewige Kreis 204

Fünftes Kapitel
   1. Bildernachweis 208
   2. Danke 209

VORWORT

Eigentlich wollte ich hier schreiben: „Alle in diesem Buch geschilderten Handlungen und Personen sind frei erfunden, Ähnlichkeiten mit lebenden oder verstorbenen Personen sind zufällig und nicht beabsichtigt."
Kann ich aber nicht, weil es so nicht stimmt!

Da dieses Buch in weiten Teilen vom Zusammenleben mit meiner an Demenz erkrankten Mutter handelt, kann ich es nicht ausschließen, dass sich der eine oder andere aus meinem privaten Umfeld, dem Verwandten- und Bekanntenkreis, darin erkennt. Die Namen der handelnden Personen wurden verändert.

Einige Geschichten in diesem Buch habe ich etwas überspitzt dargestellt. Andere Geschichten sind bewusst abgeschwächt.

Das Buch soll unterhalten! Es ist keine wissenschaftliche Abhandlung zum Thema Demenz. Es kann zum Lachen – und auch zum Nachdenken – anregen.

Es kann Menschen, die vorhaben, in eine Pflegebeziehung mit einer nahestehenden Person zu gehen, darin bestärken, es zu tun. Beziehungsweise pflegende Angehörige bestärken, es weiter zu tun. Es kann aber genauso gut Menschen, die Ähnliches vorhaben, davon abhalten.

Es ist kein Beschwerdebuch, genauso wenig wie ein reines Geschichtenbuch oder eine Abrechnung. Begonnen mit ein paar Anekdoten und der Niederschrift meiner Emotionen und Gedanken zu einer sehr bewegenden Zeit, in der sich viele meiner bis dahin so klaren Normen und Werte veränderten und ich meine an Demenz erkrankte Mutter zu pflegen begann, entstand dieses Buch.

Es beschreibt einen Abschnitt in meinem Leben voller Ängste, Sorgen, Chancen und die Entdeckung einer Person, die mich zwar zur Welt gebracht hat, die ich aber so nicht kannte und auf seltsame Weise neu kennenlernen durfte. Genauso wie eine weitere Person. Nämlich mich.

Es geht um nichts Geringeres als um das Erkennen der Wichtigkeit der Zeit, des Lebens im Hier und Jetzt, der Veränderung und der Vergänglichkeit.

ERSTES KAPITEL

WIE ALLES BEGANN

*Vom Erwachen, von der Ohnmacht,
vom Ärger, von der Verständnislosigkeit,
vom Neuorientieren, vom Umdenken
und Abschiednehmen von gewohnten Strukturen*

1. Wie kann sie nur?

Es war an einem Dienstagmorgen in der Psychiatrie. Ich war bei den Barmherzigen Brüdern, in den Lebenswelten Steiermark, einer großen Pflegeeinrichtung in der Nähe von Graz, als Pädagoge auf einer Station für Vollzeitbetreuung von Menschen mit Beeinträchtigungen im mentalen wie auch psychischen Bereich tätig. Bereits seit sechs Uhr war ich hier. Der Tag begann, nach einer kurzen Morgenbesprechung und müden Gesichtern im Dienstzimmer, einem Kaffee und dem Richten des Frühstücks, mit Bewohnergesprächen und Deeskalationsmaßnahmen bei einem jungen Mann, der es einfach nicht aushielt, auf sein Frühstück warten zu müssen, und der sehr viel Unruhe in die Wohngruppe brachte, der Begleitung einer Dame zur Blutabnahme und dem Abholen eines Bewohners von der Kantine – relativ gemütlich.

Der Speisesaal füllte sich, der Lärmpegel war wie immer: Unterstützung eines Mannes mit Schluckbeschwerden, Gespräche mit Frau Müller, welche die Ärzte beschuldigte, ihr zu viele Medikamente zu geben, und der inzwischen zehnten Versicherung einer weiteren Patientin gegenüber, dass sie heute nicht zur Arbeit müsse, weil sie schon seit einem Jahr in Pension sei.

Einen Mann, der nicht zur Arbeit wollte, musste ich zum Bus bringen, einen anderen, mit großen Orientierungsschwierigkeiten, zu seiner Werkstätte begleiten.

In der Zwischenzeit wurden drei Bewohner für den Besuch des Hallenbades hergerichtet. Wie jeden Dienstag machte ich mit dieser Gruppe einfache Koordinations- und Entspannungsübungen im warmen Wasser des hauseigenen Hallenbads.

Auf dem Weg durch einen unterirdischen Kellergang erzählte mir Herr Mayer, ein Rollstuhlfahrer, wie schön es doch früher gewesen sei, wie reich und unwiderstehlich er sei und warum er Frau Müller nicht mochte. Herr Senekovits ging voraus und versuchte ständig, entgegenkommende Personen um Zigaretten anzuschnorren. Herr Feldhofer ging gemächlich mit den Handtüchern hinterher und ließ sich durch nichts aus der Ruhe bringen.

Nach dem Hallenbad gab es das gleiche Schauspiel auf dem Rückweg. Herr Mayer redete wie ein Wasserfall, Herr Senekovits rannte voraus, Herr Feldhofer ging gemächlich hinterher.

Fit und motiviert kamen wir zurück auf die Station. Eine Kollegin half mir, die Bewohner wieder in ihre Alltagskleidung zu bringen. „Noch schnell alles dokumentieren und dann Pause", dachte ich.

Da läutete mein Handy, und alles sollte sich ändern. Es war eine Festnetznummer mit der Vorwahl meiner Heimatgemeinde Pöllau, einem wunderschönen Flecken Erde, inmitten der Oststeiermark.

„Hallo, da spricht Doris, vom Schloss-Café ... Werner, bist du es?"

Ich kannte Doris. Wir hatten zuvor zwar noch keine fünf Sätze miteinander geredet, aber in einer Gemeinde wie der unseren kennt man sich eben. „Ja hallo, was gibt's?" Doris fragte in einem etwas eigenartigen Tonfall: „Hast du Zeit?" Erwartungsvoll, was da wohl kommen würde, sagte ich: „Ja sicher!"

Im Nachhinein kann ich mich nicht mehr an die Details unserer Unterhaltung erinnern. Doris erzählte mir, dass meine Mutter bei ihr sei und einen verwirrten Eindruck mache. Sie habe auch kein Geld mit, um ihren Kaffee zu bezahlen, was aber nicht das große Problem sei, da sie eh jeden Tag, manchmal auch zweimal, komme. Im weiteren Gesprächsverlauf erzählte sie, dass meine Mutter die Toilette überflutet habe, der Installateur bereits da sei, und sie fragte mich, ob es okay sei, wenn sie mir die Rechnung schicke.

Ich blieb still und versuchte, ihren Ausführungen weiter zu folgen. Hatte sich die Frau verwählt? Sprach sie tatsächlich von meiner Mutter? Langsam merkte ich, wie mein zuvor noch so klares Bild der Dinge verschwommener wurde und sich nach und nach Bretter vor meinen Kopf schoben, um mir regelrecht das Bewusstsein zu lähmen.

Ich glaube, dass sie mir noch erzählte, wie es mit ihrer Mutter begonnen habe und wie schwierig solche Sachen wären, welch tolle 24-Stunden-Pflegerin ihre Nachbarin habe und wie anstrengend es mit ihrer Großtante sei, die einmal fast das ganze Haus abgefackelt habe und immer wieder weggehen wollte, bis sie auf der Umfahrungsstraße von ihrer eigenen Schwiegertochter beinahe überfahren worden sei.

Doris redete in einem durch. Wie ein Wasserfall, den man nicht stoppen konnte. Keine Chance, ins Gespräch zu kommen, Antworten zu geben oder nachzufragen.

Ich glaube, dass sie mich auch fragte, ob meine Mutter eine Inkontinenzversorgung habe und diese vielleicht hinuntergespült habe, weil das WC sooo verstopft sei.

Auf jeden Fall merkte ich, dass ich nicht nur stiller, sondern vor allem auch nachdenklich und irgendwie wütend auf diese Frau wurde. Ich dachte bei mir: „Was ist denn mit der los? Diese überforderte, burnoutgefährdete, inkompetente und törichte Kellnerin beschuldigt meine Mutter, Dinge zu tun, welche meine Mutter nicht macht, und vergleicht sie mit senilen, demenzkranken, labilen alten Omas, die nicht bis drei zählen können.

Wie kann sie nur? Mutter geht nie ohne Geld aus dem Haus und nur sehr selten ins Schloss-Café!"

Das Handy noch am Ohr – Doris hatte längst aufgelegt – sah ich, ohne jemanden mit meinem Blick zielgerichtet zu fixieren, in die Augen von Herrn Mayer: „Schön war das Schwimmen, Werner!", sagte er, doch ich hörte ihn nicht wirklich.

Mein Blick war starr. Ich ging ins Dienstzimmer, machte mir eine Tasse Kaffee und sah beim Fenster hinaus.
 Leer – irgendwie war alles leer. Nichts – mein Blick ging gedankenlos Richtung Haupthaus, dem Dorfplatz, dem „Gasthaus zum Granatapfel", der Kirche, aber ich sah nichts. Die Luft war draußen. Das Trapattoni-Zitat „Flasche leer – haben fertig" fiel mir ein.
 Plötzlich war ich nicht mehr da und der Boden unter mir weg. Ich suchte Schokolade und dachte: „Wer hat sich da eine Tasse Kaffee gemacht und nicht getrunken?" Die Tasse war noch warm.
 Ich setzte mich zu meinem Kalender. „13:30: Besprechung Pflegedirektion." Ein Kollege kam zur Tür herein und fragte, ob ich den PC noch brauche. Ich wollte ja dokumentieren.
 „Was eigentlich?", dachte ich. „Nein, danke. Ich brauche den PC erst später wieder." Ich saß noch eine Weile da, ohne klare Gedanken fassen zu können. Was war das bitte?

Es sollte noch ein langer Arbeitstag werden!
 Die Besprechung am Nachmittag ging spurlos an mir vorüber. Der Körper war dort, aber meine Gedanken waren irgendwo.
 Zurück auf der Station, setzte ich mich zu einer Runde Bewohner auf die Couch, versuchte, zuzuhören und mich einzubringen. Nach kurzer Zeit fragte mich Frau Müller: „Schaust du ins Narrenkastl[1]?"

---

[1] Der Begriff „Narrenkasten" war, historisch gesehen, im Mittelalter eine Art Pranger, wo diejenigen, die gegen die Gesetze oder die öffentliche Ordnung verstoßen hatten, vorgeführt wurden. Heute wird der Begriff gerne für den Zustand bei Tagträumereien verwendet, wenn man „Luftschlösser" baut und dabei einen starren, nicht zielgerichteten Blick hat.

Ich antwortete nur knapp und sagte, dass ich einfach etwas müde sei und mich schon freue, wenn ich nach Hause fahren könne.

„Ich darf nicht nach Hause! Die wollen mich hier einsperren! Das ist gemein!", erwiderte Frau Müller plötzlich außer sich, laut und voller Zorn.

Es dauerte wieder, bis sie sich beruhigt hatte und erreichbar war.

Sie schlug im weiteren Gesprächsverlauf vor, mich zum Arzt zu begleiten, damit ich gleich die richtigen Medikamente bekäme.

Ich habe dankend abgelehnt.

15 Uhr, die Sonne schien, ein wunderschöner Herbsttag, Dienstschluss!

Ich konnte mich auf ein paar freie Tage freuen. Die besten Voraussetzungen für einen entspannten Abend mit der Familie und Zeit für mich selbst.

Der Weg nach Hause dauerte je nach Verkehr so zwischen 50 Minuten und einer Stunde. Oft zog ich mir Hörbücher rein, hörte laut Musik und sang mit oder rief Freunde an.

Heute vergaß ich alles. Die erste Hälfte des Weges merkte ich nicht einmal, dass kein Radio eingeschaltet war. Das Phänomen, dass man bekannte Strecken mit dem Auto fährt und sich plötzlich nicht erklären kann, wie man angekommen ist, spürte ich heute so deutlich wie noch nie.

Kurzerhand, und dementsprechend unüberlegt, rief ich meine Mutter an. Fragte, wie es ihr so gehe, ob heute irgendetwas Besonderes los gewesen sei und was sie so gemacht habe.

Ihre Antwort fiel wie so oft kurz und eher informationslos aus: „Jo eh – nichts – alles okay."

Mit dem Wissen, was heute Vormittag los gewesen war, wurde ich wütend, ließ es meine Mutter aber nicht merken. Ich war still, hielt mich im weiteren Gesprächsverlauf ebenfalls kurz und versuchte, das Telefonat so schnell wie möglich wieder zu beenden.

Sie fragte mich noch, wann ich heute nach Hause käme. Ich dachte mir, dass das eigentlich klar sein sollte, wenn ich gerade auf dem Heimweg war und ihr es egal sein konnte. Gut, ich hätte ja noch etwas zu erledigen haben können, doch so klar waren meine Gedanken in diesem Moment nicht.

Nur, was konnte ich von meiner Mutter schon erwarten? Dass sie mir erzählte, dass sie heute ohne Geld im Schloss-Café gewesen war und dort die Toilette überflutet hatte? Sicher nicht! Tausend Gedanken schossen mir durch den Kopf.

Plötzlich blieb ich mit meinen Gedanken wieder beim Telefonat vom Vormittag und dem Gefühl der absoluten Lähmung und Leere im Kopf hängen. Nun wusste ich wieder, woher ich dieses Gefühl kannte.

Vor zwei Monaten war meine Schwiegermutter beim Bergwandern tödlich verunglückt. Von einer Minute auf die andere: weg, nicht mehr da, tot.

Brigitte. Eine diplomierte Gesundheits- und Krankenpflegerin in Pension, eine Frau mit viel Lebenserfahrung und Lebensfreude. Sie war die kompetente Anlaufstelle für Fragen aller Art. Vom aufgeschlagenen Kinderknie über Altenbetreuung bis zu Themen aus der Psychiatrie.

Sie wäre wahrscheinlich diejenige gewesen, die ich als Nächstes angerufen hätte. Das Gefühl der Leere wurde von Trauer abgelöst. Mit starrem Blick auf die Straße kramte ich in meinem Rucksack auf dem Beifahrersitz, holte ein Taschentuch heraus und putzte mir die Nase.

Den Rest der Fahrt ließ ich mich von Radiomusik berieseln, freute mich auf meine Familie und einen freien Tag.

Zu Hause angekommen, besuchte ich Mutter. Sie lag auf der Bettbank im Wohnzimmer und ruhte sich aus. Als sie mich bemerkte, setzte sie sich auf, richtete ihre Haare und fragte, ob ich von der Arbeit käme.

„Wir haben gerade telefoniert, Oma! Ja, ich komme von der Arbeit – wie jeden Dienstag um diese Zeit!"

Mit einem beschwichtigenden „Ach so" legte sie sich wieder hin und gab mir zu verstehen, dass ich gehen konnte.

Beim Weg aus der Wohnung bemerkte ich gestapeltes, ungewaschenes Geschirr und ihre Geldbörse, die offen mitten auf dem Küchentisch lag.

Vielleicht sollte ich mir einmal ihre Medikamente ansehen? Doch heute nicht mehr. Irgendwie fehlte mir die Kraft. Der Wunsch, dass dieser Tag bald zu Ende ging, war größer. Ich sehnte mich nach Ruhe. Und das bereits um halb fünf am Nachmittag.

Ich ging in meinen Wohnbereich, der zwar im selben Haus wie der meiner Mutter ist, aber komplett von ihrem abgetrennt liegt.

Thomas Maier, Lebenshilfe Hartberg, *Tageswerkstätte Pöllau*

2. Ach, wie schön sind freie Tage

Wie an den meisten ersten freien Tagen nach einem Frühdienst war ich vor allen anderen munter und lag wach im Bett. Gestern hatte ich nicht einmal Energie und Zeit gehabt, mit meiner Frau Bettina über das Geschehene und das Telefonat mit Doris zu sprechen. Ich war einfach zu müde gewesen und vor dem Fernseher eingeschlafen. Als ich mitten in der Nacht munter wurde, war ich allein im Wohnzimmer. Der Fernseher lief noch und ich schleppte mich zu Bett.

Was für ein Tag sollte das heute nur werden?

Ich liebte meine freien Tage. Wenn einmal alle außer Haus waren, hatte ich die Wohnung für mich, genoss die Stille, das Gefühl, für keinen da sein zu müssen, machte nur das Nötigste und faulenzte dahin. Natürlich nutzte ich die Zeit auch für Erledigungen verschiedenster Art und machte Kleinigkeiten im Haushalt.

Die Programmpunkte für heute waren zwar etwas ungewöhnlich, aber machbar, dachte ich.

Erstens, meine Mutter zur Rede stellen, was da gestern los gewesen war.

Zweitens, ihre Küche wieder in Ordnung bringen.

Drittens, die Medikamente durchsehen, die Beipacktexte lesen und mit dem Arzt darüber sprechen!

Als Extrapunkt hielt ich mir noch offen, ins Schloss-Café zu gehen, mit Doris ein ernstes Wörtchen zu sprechen und vor allem nachzufragen, was sie sich eigentlich dabei gedacht hatte, so über meine Mutter herzuziehen.

Während sich Punkt für Punkt meine To-do-Liste im Kopf erweiterte, kam langsam auch die Motivation, aufzustehen, um klar Schiff zu machen.

Ich war es gewohnt, zielorientiert zu arbeiten, Förderpläne zu erstellen und nötige Maßnahmen zu ergreifen, um individuelle Konzepte zur Steigerung der Lebensqualität zu entwickeln. So ging ich auch positiv, mit viel Energie, Tatendrang und Klarheit, was zu tun war, in den Tag.

Nachdem ich mit meiner Familie gefrühstückt, die Tageszeitung gelesen hatte und alle außer Haus waren, ging ich zu meiner Mutter.

Sie lag wieder auf der Bettbank. Ich wirbelte in ihren Wohnbereich: „Guten Morgen, gut geschlafen, wie geht's?" Meine Mutter richtete sich auf und erwiderte: „Jo, eh guat." Sie hatte die gleiche Kleidung wie gestern an und machte einen etwas zerzausten Eindruck. Man hätte fast glauben können, dass sie die Nacht hier verbracht hatte.

Ich fragte: „Hast du noch gar nichts gefrühstückt?" Mit leicht rauer Stimme erwiderte sie: „Oja!" – „Was denn?", fragte ich. „Jo, so a Ding, Semmel und an Tee." Auf dem Herd stand ein kalter Kochtopf mit Teewasser und in der Brotlade lagen einige harte Semmeln. Etwas verwundert fragte ich: „Hast du eigentlich dasselbe Gewand wie gestern an?" „Wieso? Nein! Ist eh sauber", kam zur Antwort.

Ein leichtes Gefühl von Ratlosigkeit und vor allem Ärger kam in mir hoch. Eigentlich konnte es mir egal sein. Sie war eine erwachsene Frau. Sie war mir keine Rechenschaft schuldig. Sie war in Pension. Sie hatte ihren eigenen Wohnbereich und konnte dort tun und lassen, was sie wollte. Mir war es aber nicht egal. Etwas genervt fragte ich: „Hast du heute Nacht hier geschlafen?"

Ohne ein Wort stand Mutter auf, ging zum Spiegel, richtete ihre Haare und verschwand im Badezimmer. Leicht angespannt, mit einer klaren Tendenz, bald fuchsteufelswild zu werden, blieb ich wie angewurzelt stehen.

Ich sah mich an dem Platz, an dem ich groß geworden war, wo vor Jahrzehnten noch meine Autorennbahn aufgestellt gewesen war. Der Tisch, an dem ich Lego gespielt hatte, wo der Weihnachtsbaum gestanden hatte und der beige Vorhang, vor dem uns mein Vater immer so gerne fotografiert hatte, bevor wir aufgebrezelt zu einem Ball gegangen waren. An dem Platz, wo ich meinen Eltern gebeichtet hatte, dass dieses schöne rote Auto mit Heckspoiler, Alufelgen, Sportlenkrad und allem, was sich ein Neunzehnjähriger nur wünschen konnte, nach einem unglaublich coolen Monat mit Totalschaden im Graben lag.

Mein Vater war zehn Jahre älter als Mutter und schon verstorben. Die letzten Jahre seines Lebens benötigte er nach mehreren Schlaganfällen umfangreiche Unterstützung und wurde von Mutter zu Hause gepflegt. Diese Zeit war für sie oft schwer und kraftraubend.

Meine Mutter, eine gelernte Damen- und Herrenschneiderin, die Vater in Graz bei der Arbeit kennengelernt hatte und mit ihm in Pöllau ein Fachgeschäft für Herren- und Kindermoden mit eigener Maßschneiderei aufgemacht hatte, war schon immer das Familienoberhaupt gewesen. Sie war es, die sagte, wo es langging, was angeschafft wurde, wer was zu tun hatte und wie es im Betrieb laufen sollte.

Natürlich hatten mein Vater und ich auch unsere Strategien und wussten, wie wir mit ihr umzugehen hatten, um schlussendlich zu dem zu kommen, was wir wollten. Aber unausgesprochen und klar war, dass sie die Chefin war.

Ich ging ins Schlafzimmer, weil es mir keine Ruhe ließ und ich wissen wollte, ob sie wirklich auf der Bettbank übernachtet hatte.

Als ich die Tür öffnete, traute ich meinen Augen nicht. Über das Doppelbett verteilt lag jede Menge Kleidung, zum Teil mit Kleiderbügel, zum Teil ohne, nur zusammengerollt. Wobei man nicht überall eindeutig sagen konnte, ob es sich um Schmutzwäsche, saubere Wäsche, zum Bügeln gerichtete Wäsche oder Kleidungsstücke, die nur noch in die offenstehenden Schränke eingeräumt werden mussten, handelte. An einem guten Tag hätte ich meine Mutter gefragt, ob sie etwas gesucht habe. Doch im Moment überwog das Gefühl des Entsetzens.

So etwas passte nicht zu meiner Mutter! Ich nahm einen schmutzigen Kuchenteller und eine halbvolle Tasse mit kaltem Tee, die zwischen Zeitschriften auf dem Nachtkästchen von Mutter stand, und ging damit zurück in die Küche. Dort setzte ich mich.

Mutter kam aus dem Badezimmer. Sie machte einen guten Eindruck. Als ob das Gespräch zuvor nie stattgefunden hätte, fragt sie mich, ob ich mit ihr ins Schloss-Café gehen mochte. Ich mochte nicht! Stattdessen sah ich meine Mutter nur an und suchte nach den richtigen Worten. Ich fragte: „Was ist denn bitte im Schlafzimmer los?" Sie sah mich an: „Da ist schon lang nichts mehr los", und lachte. Eigentlich der ideale Zeitpunkt, um mitzulachen. Ich schnaufte durch und versuchte es noch einmal: „Warum liegt da so viel Kleidung im Bett?" Ohne mir einen Blick zuzuwerfen, antwortete sie: „Du willst ja immer, dass ich etwas anderes anziehe." – „Und warum liegen hier überall Geschirr und Zeitschriften herum?", fragte ich. „Hier sieht es aus, als ob eine Bombe eingeschlagen hätte!", fuhr ich etwas boshaft fort.

Meine Mutter legte sich wieder auf die Bettbank und sagte: „Ich tu ein wenig faulenzen", und schloss dabei die Augen. Schäumend vor Wut verließ ich den Wohnbereich meiner Mutter und ging in meinen.

Ich wusste, dass sie nie gelernt hatte, zu streiten. Oft hatte sie davon erzählt, wie schlimm es für sie gewesen war, wenn ihre Eltern gestritten hatten. Sie ging Konflikten aus dem Weg. Entweder sie hatte recht oder eben nicht. Darüber zu diskutieren, empfand sie, seitdem ich sie kannte, für unnötig. Der mit den besseren Argumenten hatte gewonnen. Wenn das nicht sie war, wurde sie kurz laut, war eingeschnappt – und aus.

Ich brauchte circa eine Stunde, bis ich wieder bereit war, zu ihr zu gehen.

Punkt eins meiner To-do-Liste entpuppte sich also als eine etwas komplexere Angelegenheit. Die Frage war nicht mehr, was gestern los gewesen war – sondern, was da überhaupt los war.

Als gelehriger Schüler meiner Mutter ging ich zu ihr und tat auch so, als ob nichts gewesen sei. Mit den Worten „Was gibt es eigentlich heute bei dir zu Mittag?", dachte ich, wieder locker ins Gespräch kommen zu können. Als ihre Antwort erneut nicht meinen Vorstellungen entsprach und sie irgendetwas von Pudding und Krapfen daherfaselte, wurde der Handlungsbedarf massiv erhöht. Kurzerhand entschloss ich, mit ihr Mittagessen zu gehen.

Ich begann, Altpapier zusammenzufalten und den Stapel schmutzigen Geschirrs in den Geschirrspüler einzuräumen. Meine Mutter tat so, als ob sie es nicht bemerkte. Bis ich sie darauf ansprach und fragte, ob sie mir nicht helfen wolle. Sie stand auf und begann, mit einem nassen Tuch die Arbeitsplatte in der Küche abzuwischen. Sie schob Dinge von einer Ecke in die andere und wieder zurück. Sie verwendete das Tuch zwischenzeitlich auch gleich dafür, das Küchenregal an einigen Stellen abzuwischen. Als Außenstehender hätte man glauben können, dass sie so etwas noch nie in ihrem Leben gemacht hatte. Nachdem sie fertig war, sah es für mich schlimmer als zuvor aus. Für meine Mutter war es in Ordnung.

Bevor sich Mutter wieder zurückziehen wollte, warf sie einen Blick in die offene Brieftasche auf dem Küchentisch. „Stimmt etwas nicht?", fragte ich. Doch ich bekam keine Antwort. Etwas verzögert fragte mich meine Mutter: „Weißt du, wem diese Brieftasche da gehört?" „Weißt du nicht mehr? Die hast du voriges Jahr zu Weihnachten bekommen", versuchte ich verständnisvoll zur Antwort zu geben. Mit einem leisen „Ach so" verließ sie die Küche.

Wir gingen also zum Kirchenwirt. Ich wusste, dass sie Essen auf Rädern anboten, was vielleicht auch etwas für meine Mutter hätte sein können.

Als wir im Gasthaus eintrafen, wurde Mutter gleich wie ein Stammgast begrüßt. Von allen Ecken des Lokals kamen begrüßende Zurufe. Von weitem wurde sie laut mit „Hallo Nussi" begrüßt. Auch der Wirt freute sich, uns zu sehen. Meine Mutter war lange Zeit Kassiererin des örtlichen Eisschützenvereins gewesen und offenbar nicht nur aufgrund ihrer Vergangenheit als Geschäftsfrau eine angesehene Persönlichkeit in diesem Lokal. Doch so viele Ehrenerweisungen waren mir fast ein wenig unheimlich.

Wir setzten uns an einen Tisch in Schanknähe. Der Wirt kam zu uns und fragte, was wir trinken wollten. Ich bestellte ein Glas Bier.

Meine Mutter erwiderte sofort: „Nein, ein Bier trink ich nicht!"
Auf die Frage, ob sie dasselbe wie immer trinke und ihr der Wirt einen Erdbeerspritzer brachte, war ich dann aber schon ein wenig verwundert. Ich fragte meine Mutter, seit wann sie Alkohol trinke. Sie sah mich nur an und sagte: „Ich trinke immer das, was die anderen auch trinken." Nachdem sie das halbe Glas geleert hatte, fragte sie mich verwundert und leicht grinsend: „Das ist Alkohol?"

Nach dem Essen setzte sich Gerti, die Wirtin, an den Tisch und fragte, wie es uns gehe. Meine Mutter antwortete in gewohnt schlagfertiger Manier oberflächlich und lächelnd. Gerti bat mich zu einem vertraulichen Vier-Augen-Gespräch hinter die Theke und fragte wieder, wie es uns gehe. Sie hatte gehört, was im Schloss-Café los gewesen war. Sie erzählte, dass Mutter auch auf sie öfters einen verwirrten Eindruck mache, wenn sie komme, und dass sie sehr gerne Leute einlade. Zum Teil auch Personen, die sie, Gertis Meinung nach, nicht einmal kenne. Ich teilte der Wirtin, wohlweislich, nicht alle Erlebnisse des heutigen Tages mit, aber erzählte, dass ich gerne Essen auf Rädern für Oma ausprobieren wolle.

Die Wirtin beschrieb sehr detailliert, wie es funktionierte, wer Essen auf Rädern im Tal bekomme und welche Erfahrungen sie damit gemacht habe. Sie gab mir unverbindlich einen Essensplan mit und bat mich, möglichst bald Bescheid zu geben.

„Eine Kleinigkeit wäre da noch", begann Gerti etwas zögerlich mit leiser Stimme: „Deine Mutter hat einiges anschreiben lassen und mittlerweile beträchtliche Schulden im Lokal." Auf meine Frage, seit wann das so gehe und warum sie dann noch etwas bekomme, wenn sie schon des Öfteren nicht bezahlt habe, erhielt ich nur die Antwort: „Ich kann der Frau Nussgraber doch nicht einfach nichts geben, wie sieht denn das aus? Dann ist sie vielleicht beleidigt und kommt nie wieder! Außerdem sind noch immer alle Rechnungen beglichen worden." Auf das heutige Mittagessen lud ich Mutter ein, und wir gingen nach Hause.

Auf dem Heimweg fragte ich sie, wer die Leute waren, die sie so freundlich gegrüßt hatten. Als keine Antwort kam, fragte ich noch einmal. „Gäste wahrscheinlich!", erwiderte meine Mutter stolz. Ich fragte weiter: „Und die kennen alle deinen Namen?" Darauf meine Mutter: „Göh, do schaust!"

Zu Hause angekommen, legte sie sich auf die Bettbank. Es war ihr anzusehen, dass es anstrengend gewesen war. Auch ich ging in meinen Wohnbereich und machte es mir gemütlich.

Meine Mutter, die Geschäftsfrau, die Geld immer als eines der wichtigsten Dinge in ihrem Leben gesehen hatte, für die Schuldenmachen nie in Frage gekommen wäre, ließ plötzlich anschreiben. Wenn ich vor zwei Tagen jemandem meine Mutter hätte beschreiben sollen, wäre klar gewesen, dass ich so etwas als absolutes No-Go für sie gesehen hätte. Die einzigen Menschen, die meine Mutter früher eingeladen hatte, waren Geschäftspartner, enge Familienangehörige und Kunden von uns gewesen.

Als ich in meinem Hängesesel weiter so dahinsinnierte, fiel mir ein, wie knausrig Mutter oft zu sich selbst gewesen war. Ich konnte mich nicht erinnern, dass sie einfach so auf einen Kaffee oder ein Stück Torte in ein Lokal gegangen wäre.

Sie hatte sich regelmäßig Rumkugeln vom Lebensmittelgeschäft, dessen Inhaber Kunde von uns war, geholt, die sie dann heimlich naschte. Das war es aber auch schon mit genießen.

Wenn sie damals herausgefunden hätte, wie oft ich in meiner Lehre, die ich bei ihr gemacht habe, Zechtouren unter der Woche genossen hatte, wäre ich aber so etwas von erledigt gewesen! „Spare in der Zeit, dann hast du in der Not" war einer ihrer Leitsprüche. Und heute? Nun war meine Mutter diejenige, die um die Häuser zog und überall Geld liegen ließ!? Doch was kümmerte es mich? Es war schließlich ihr Geld. Wer war dieser Mensch da plötzlich? Ich räkelte mich noch ein wenig im Hängesessel, bevor ich einschlief.

Das Powernapping wurde unsanft durch den viel zu laut eingestellten Klingelton meines Handys beendet. Es war Bettina. „Warum hast du Jan nicht abgeholt? Susi von der Nachmittagsbetreuung hat schon angerufen!" Es war ungeschriebenes Gesetz, dass ich an meinen freien Tagen für die Kinder da war. Dieses Mal hatte ich es komplett vergessen.

Ich holte also meinen Sohn mit beträchtlicher Verspätung ab.

Jan war neun, begeisterter Fußballer, spielte damals noch Posaune, liebte es, mit seinen Freunden herumzuhängen und besuchte die dritte Volksschulklasse bei uns im Ort. Was er nicht mochte, war zu spät von der Nachmittagsbetreuung abgeholt zu werden.

Kaum zu Hause, kam uns meine Mutter entgegen. Mit einem Lächeln begrüßte sie Jan. „Wen haben wir denn da?" Ein Standardsatz von ihr, der besonders heute gar nicht gut bei ihm ankam. So kindisch, wie Jan es nannte, mochte er einfach nicht mehr begrüßt werden. Obwohl wir es meiner Mutter schon öfter gesagt hatten, hielt sie sich nicht daran. Jan war sauer, und ich konnte ihn verstehen.

Ich wollte den restlichen Tag meiner Familie widmen. Ich kontrollierte Jans Hausaufgaben und bat ihn, Posaune zu üben.

Christoph kam gegen 16 Uhr nach Hause. Er war 14 und besuchte die erste Klasse eines Realgymnasiums in Birkfeld, etwa 20 km von Pöllau entfernt.

Am Ende des Tages musste ich feststellen, dass ich die meiste Zeit sinnlos mit meinem Tablet gespielt und mit meiner Familie nur wenig unternommen hatte.

Elisabeth Wiesenhofer, Lebenshilfe Hartberg, *Tageswerkstätte Pöllau*

3. An Tagen wie diesen

Zweiter freier Tag. To-do-Liste vom Vortag? – erfolgreich verdrängt! Auf dem Programm stand heute, etwas mehr mit meiner Familie zu unternehmen, bei meiner Mutter nach dem Rechten zu sehen, Essen auf Rädern zu bestellen und eventuell Doris im Schloss-Café zu besuchen.

Als Bettina, Christoph und Jan aus dem Haus waren, rief ich bei unserem Hausarzt an, um einen Termin für Oma zu vereinbaren. Die Sprechstundenhilfe freute sich und meinte, dass sich der Herr Doktor schon bei uns melden wollte. Auf mein Nachfragen, warum, gab sie mir einen Termin für 16 Uhr und bat mich, direkt mit ihm darüber zu sprechen. Irgendwie komisch.

Ich ging also zu meiner Mutter. Sie schien sich schon frisch gemacht zu haben und war bereit, um außer Haus zu gehen. „Guten Morgen – wie geht's?", fragte ich. Mutter antwortete: „Gut, ich habe zu Hause geschlafen." Ich musste schmunzeln. So kannte ich Mutter. Immer einen Scherz auf den Lippen, entspannt und schlagfertig. „Wo gehst du hin?", fragte ich. „Außi – schaun, was es Neues gibt." Auf meine Frage, ob sie schon gefrühstückt und ihre Medikamente genommen habe, meinte sie nur, dass sie keinen Hunger habe und „Ja, ja!". Während ich bei ihren Medikamenten zu kramen begann, merkte ich, wie Mutter unruhig wurde und aufgeregt durch die Küche, das Wohnzimmer und das Vorhaus huschte. Erst dachte ich, dass sie nervös wurde, weil ich ihre Medikamente durchsah und hier offensichtlich kein System erkennbar war, ebenso fehlte eine Verordnung mit den Einnahmezeiten. Mutter war stattdessen ebenfalls auf der Suche nach etwas und wurde immer hektischer. Schließlich kam sie zu mir und fragte: „Hast du meine Brieftasche wo gesehen?" Ich sah zum Küchentisch: „Da liegt sie eh!", behauptete ich. Kopfschüttelnd sah sie mich an: „Das ist nicht meine!", sagte sie mit wütender Stimme. Kurz überlegte ich, ob ich ihr sagen sollte, dass wir gestern bereits darüber gesprochen hatten. Sie hob die

Geldbörse auf, sah sie durch und warf sie wieder auf den Küchentisch: „Da ist ja gar kein Geld drinnen!" Sie ließ sich auf den Sessel fallen und sah mich entrüstet an. Ich schob den Schuhkarton mit den Medikamenten zur Seite und blieb mit ihr am Küchentisch sitzen.

Ohnmacht und Stille lagen im Raum.
Man konnte die Küchenuhr hören, wie sie langsam jede Sekunde tickte. Ich erinnerte mich an das letzte Mal, als wir so zusammengesessen waren. Es dürfte 20 Jahre oder länger her sein. Damals hatte ich meinen Eltern erklärt, dass ich kein Interesse daran hatte, ihr Herren- und Kindermodengeschäft weiterzuführen. Auch damals hingen Ohnmacht und Stille im Raum.

Keine Ahnung, wie lange wir noch am Tisch sitzen blieben. Plötzlich läutete das Telefon. „Hallo, da ist Gerti vom Kirchenwirt. Habt ihr euch schon wegen des Essens auf Rädern entschieden? Ich bin gerade beim Einteilen. Wenn ihr wollt, kann ich etwas mitschicken." Ich fragte Gerti, was es gebe. Für meine Mutter war es schlicht unmöglich, sich zwischen zwei Menüs zu entscheiden. „Das ist beides gut!" Selbst auf mehrmaliges, etwas genervtes Nachfragen; „Menü A oder B?", bekam ich keine zufriedenstellende Antwort. Als ich ihr dann die Entscheidung abnahm und mich für Menü A entschieden hatte, rief sie Richtung Telefon: „Ich fresse alles, was mich nicht frisst!"

So entscheidungsschwach kannte ich meine Mutter nicht! Aber gut, es sollte so sein.

Ich sah Mutter an: „Du wolltest doch schauen, was es Neues gibt?" Sie sah etwas wunderlich zurück: „Kannst du mir Geld borgen?" Erstaunt über die Frage, antwortete ich: „Hast du nichts mehr zu Hause? Hattest du eine größere Ausgabe, etwas gekauft oder selbst Geld verborgt?" „Ich brauch eh nix!", war ihre knappe Antwort, während sie aufstand und Richtung Wohnzimmer gehen wollte. „Heute ist der 17., und du bekommst deine Pension vom Briefträger am Monatsersten nach Hause zugestellt", setzte ich etwas sauer nach. „Was ich mit meinem Geld mache, ist meine Sache!" Mit diesem Abschlusssatz ging sie ins Wohnzimmer und setzte sich auf die Bettbank. Damit hatte sie wohl Recht. Es war nur unerklärlich für mich, dass diese Frau anscheinend tatsächlich begann, den Bezug zu Geld, welches Zeit ihres Lebens einen so hohen Stellenwert gehabt hatte, zu verlieren. Ich ging zu ihr und versuchte, verständnisvoll zu fragen, wie viel sie jetzt eigentlich brauche. Nach ein paar „Nichts! Ich brauche kein Geld"-Antworten meinte sie, so fünf bis sechs Euro. Ich hätte ihr gerne noch einmal gesagt, dass der Monat noch lange dauerte und wie viel man für diesen Betrag bekam. Stattdessen legte ich ihr einen Zwanzig-Euro-Schein in die Brieftasche und machte den Vorschlag, dass wir ja hinausgehen könnten, um zu schauen, was sich sonst so im Ort tat.

Wir gingen also außer Haus, marschierten über den Hauptplatz Richtung Kirchhof. Ich versuchte, mich zu erinnern, wann wir das letzte Mal gemeinsam spazieren gegangen waren. Abgesehen von Familienfeiern, wo wir immer in großer Runde unterwegs waren, war es schon verdammt lange her. Mir fiel nur ein, dass sich meine Mutter einmal fürchterlich darüber aufgeregt hatte, als ich als Teenager, mit langen Haaren, Kitzbart, AC/DC-T-Shirt, kurzer, zerrissener Jeans, Steirersakko und einer qualmenden Pfeife im Mund neben ihr über den Hauptplatz ging und sie mich zu Hause zur Rede stellte: „Mir werden es die Leute ja nicht sagen, aber hinter unserem Rücken werden sie meinen, da Nussgraber ist jetzt komplett übergeschnappt!" Ich glaube, das war tatsächlich unser letzter gemeinsamer Spaziergang.

Wir gingen auch beim Kirchenwirt und dem Schloss-Café vorbei. Ich merkte zwar, wie Mutter durch die Fenster spähte, um zu sehen, wer drinnen war, aber selbst nirgends hineingehen wollte und war froh, dass sie mich nicht fragte.

Wieder zu Hause angekommen, richtete ich das Mittagessen für mich und meine Söhne. Meine Mutter blieb in ihrem Wohnbereich.

„Schon komisch", dachte ich. Hatte ich Schamgefühle, mich mit ihr in ein Kaffeehaus zu setzen? Oder war es einfach nur Angst, von jemandem angesprochen zu werden und wieder Dinge über sie zu erfahren, die mich im Moment gar nicht interessierten? Während ich in der Küche stand, hörte ich laut Musik und tanzte. Ich liebe es, zu tanzen, und am allerliebsten habe ich es, wenn mir die Musik so einschießt, dass ich alles um mich herum vergessen kann und sich mein Körper von selbst zu bewegen beginnt. Wenn ich dann noch die Sicherheit hatte, dass mir niemand zusah, ist es schon einmal passiert, dass mir plötzlich der Geruch von verbranntem Fleisch in die Nase stieg, während ich Luftgitarre spielend durch die Wohnung hüpfte, weil ich so was von in einer anderen Welt war. Heute nicht. Ich rührte, damit die fertige Carbonarasauce nicht anbrannte, sang leise mit und bewegte mich dezent, als es plötzlich an der Tür läutete.

Essen auf Rädern wurde gebracht. Ich wollte die Box meiner Mutter bringen, aber weit und breit war niemand zu finden! Die Wohnungstür stand offen. Jacke, Schuhe und die Geldbörse waren weg. Hoffentlich hatte sie nicht vergessen, dass sie bereits heute ein Mittagessen zugestellt bekam. Hatte ich es ihr gesagt? Wahrscheinlich schaute sie selbst noch einmal, was es Neues gab. Während ich mir darüber Gedanken machte, was sie wohl gerade machte, fuhr mir der Duft von Verbranntem in die Nase. Schnell rannte ich in meine Küche und ver- beziehungsweise entsorgte Kochtopf und Sauce.

Gegen 15 Uhr, meine Jungs und ich hatten bereits gegessen, kam auch Mutter wieder nach Hause. Sie klopfte an unsere Tür. „Grüß euch! Schaut, was ich für euch habe. Ihr mögt sicher Krapfen", und überreichte mir zwei Papiersäcke mit insgesamt zwölf Stück.
„Oma!", sagte ich, „was sollen wir mit so vielen Krapfen?" Meine Mutter: „Essen." Darauf ich, etwas vor den Kopf gestoßen: „Und von wo hast du das Geld?" Nach kurzer Stille erwiderte meine Mutter mit fragendem Blick: „Bei mir unten steht eine Box mit Essen, weißt du, wem die gehört?"

Wieder einmal überkam mich ein leichtes Gefühl der Ohnmacht, die Knie wurden weich, die Füße schwer. Ich musste mich hinsetzen. Mir kam gerade noch ein „Ich komme gleich runter zu dir!" über die Lippen. Mutter dürfte gemerkt haben, dass mir ihre Antwort nicht gefiel. Mit dem Satz „Ich habe es nur gut gemeint – ich dachte, ihr mögt Krapfen" ging sie in ihren Wohnbereich.

Etwa eine halbe Stunde später ging ich zu ihr. Sie hatte gegessen und sich wieder hingelegt. Ich sagte ihr, dass wir um 16 Uhr einen Arzttermin hätten. Ohne ein Wort zu sagen, setzte sie sich auf, ging in die Garderobe und richtete sich für den Arztbesuch her. Sie nahm ihre E-Card vom vertrauten Platz und setzte sich mit ihrer Tasche fertig angezogen zum Küchentisch.

Mir gingen Fragen wie „Wo warst du? Hast du jemanden getroffen? Hast du vergessen, dass du Essen bekommst? Warst du im Schloss-Café?" durch den Kopf. Aber als ich diesen, zutiefst über meine Reaktion beleidigten Menschen vor mir sah und das Gefühl hatte, am Vormittag sowieso mit jemand ganz anderem unterwegs gewesen zu sein, ließ ich es.

Mutter sagte kein Wort. Sie starrte zum Fenster hinaus und verzog keine Miene.

„Gehen wir dann?", fragte sie, bevor sie Richtung Tür vorausging.

Ich schlüpfte noch schnell in die Schuhe und sagte den Kindern Bescheid, bevor ich ihr durch den Gang nach unten nachlief.

Als wir uns ins Wartezimmer unseres Hausarztes setzten, starrten uns alle an – oder kam es mir nur so vor? Was dachten die eigentlich von meiner Mutter?

Im Gegensatz zu mir war es Mutter immer wichtig, zu wissen, was die anderen über einen dachten. Ich versuchte meist, ein meinen Mitmenschen gegenüber relativ angepasstes Leben zu führen, was mir mit zahlreichen Ausnahmen auch in vielen Fällen gelang. Was hinter meinem Rücken über mich geredet wurde, war mir eigentlich immer ziemlich egal. Mutter war es aber immer wichtig, dass gut über uns gesprochen wurde.

Hatten die anwesenden Patienten ähnliche Erlebnisse mit ihr wie ich gehabt? Wer war auch im Schloss-Café gewesen und dachte wie Doris über meine Mutter? Saß so jemand hier im Raum?
 Mutter kam gleich mit einer uns gegenübersitzenden Frau ins Plaudern. „Da schau her, wie geht's denn immer?", fragte sie. Sie dürfte eine ausländische Pflegerin erwischt haben, denn die Frau lächelte nur etwas verlegen zurück und sagte: „Geht gut!" – „Wie es eben so ist, wenn man beim Arzt sitzt!", entgegnete Mutter.
 Den Begriff „Fremdschämen" kannte ich bis dato noch nicht. Doch in Verbindung mit dem restlichen Gefühlswirrwarr dürfte es so etwas gewesen sein. Ich wünschte mir, dass Mutter kein Wort mehr sagte und niemanden ansprach.
 Was dachten die anderen aber jetzt wirklich über sie? Warum hatte mich nicht vor Doris jemand angesprochen oder die Veränderungen im Verhalten meiner Mutter mit mir beredet? Wurde jetzt schon hinter unserem Rücken über meine Mutter getratscht?
 Mutter sagte einmal: „Das Leben ist Show!" Doch konnte es sein, dass sie ihre Defizite so gut verbergen und überspielen konnte, dass niemand etwas gemerkt hatte? Oder war wirklich nur ich der Blöde hier und reagierte über?

Mutter hatte, so glaube ich, wenn ich im Nachhinein über sie schreibe, immer einen starken Geltungsdrang.
 Ich habe sie auch nie, außer das eine oder andere Mal vielleicht über ihren Steuerberater („Meinen Steuerberater grüße ich nicht – sonst berechnet er mir das auch noch"), schlecht über andere Leute reden gehört. Wenn ihr der Kragen platzte, war sie schnell laut, schimpfte ohne viele Emotionen und war bald wieder relativ taff. Nur bei größeren Konflikten, denen sie grundsätzlich immer gerne aus dem Weg ging, konnte es sein, dass es auch Monate später noch sarkastische Seitenhiebe gab.
 Eine Eigenschaft, die ich, laut meiner Frau, von ihr geerbt haben dürfte.

Über viele Jahre waren es aber vor allem ihre Kunden und die Familie, für die sie sich eingesetzt und um deren Zufriedenheit sie sich bemüht hat. Es war ihre typische Rolle als Geschäftsfrau und Familienoberhaupt. Eine im Sternzeichen des Löwen Geborene eben.

Wir mussten nicht lange warten. Ich erzählte dem Arzt von den Erlebnissen der letzten Tage, den Ungereimtheiten, ihrer teilweisen Wesensveränderung und meinen Sorgen. Unser Hausarzt ergänzte, dass er sich genau darum bereits bei uns melden wollte. Ihm war aufgefallen, dass sie kaum Rezepte für ihre Medikamente holte und bei ihrem letzten Besuch einen desorientierten Eindruck gemacht hatte. Zu angeordneten Blutabnahmen wäre sie ebenfalls wiederholt nicht gekommen.

Er nahm das erste Mal das Wort „Demenz" in den Mund und bat uns, zur genauen Abklärung eine Neurologin aufzusuchen.

Meine Mutter, die zuvor noch hochmotiviert vorausgelaufen war und im Wartezimmer munter drauflos geplaudert hatte, saß ruhig neben mir und verzog keine Miene. Irgendwie hatte ich das Gefühl, Mutter glaubte, wir sprächen in diesem Moment von einer ganz anderen Person.

Des Weiteren sprach er mich auch ganz klar darauf an, dass meine Mutter eine dauerhafte Begleitung durch den Tag brauchte und wir uns über eine 24-Stunden-Pflegekraft oder einen Heimplatz Gedanken machen sollten.

Der nächste Schlag ins Gesicht! Jetzt wurden endgültig alle um uns verrückt.

Und trotzdem war mir klar, dass sich etwas ändern musste! Nach ein paar unruhigen, mit Grübeln verbrachten Nächten und Zeit der Reflexion, wie wir es in Pädagogenkreisen oft nennen, kam ich nach einigen Wochen zum Schluss, dass mich die Ausführungen des Arztes eigentlich nur darin bestätigten, was ich geahnt hatte.

Nur mit der Frage, wie es konkret weitergehen konnte, stand ich plötzlich ziemlich allein da. Obwohl ich neben Mutter beim Arzt die Geschehnisse im Schloss-Café und die weiteren Ungereimtheiten in ihrem Umgang mit Geld angesprochen hatte, hatte Mutter auch zu Hause kein Wort darüber verloren. Auch die Schlagwörter wie Demenz, 24-Stunden-Pflege oder Heim, die in diesem Gespräch gefallen waren, hat sie nie erwähnt.

Nach dem Arztbesuch und dem Abendessen ging ich allein ins Schloss-Café. Doris hatte nicht Dienst. Auch sonst sprach mich niemand auf meine Mutter an.

War irgendwie auch besser so. So hatte ich ein paar Stunden für mich, machte noch einen kleinen Abstecher ins Bierstüberl, konnte gut abschalten und meinen Kopf leer machen. Schließlich hatte ich morgen schon wieder Dienst, und die Qualität der nötigen Erholungsphase war, gelinde ausgedrückt, unterdurchschnittlich.

Heinz Steinhöfer, Lebenshilfe Hartberg, *Tageswerkstätte Pöllau*

4. Wochenend und Sonnenschein

Der nächste Tag begann früh. Um acht Uhr musste ich schon wieder auf der psychiatrischen Station sein. Obwohl Wochenende war, freute ich mich darauf, wieder arbeiten gehen zu können. Auf der Fahrt zur Arbeit war ich sehr auf den kommenden Tag fokussiert. Ich hatte vielleicht etwas Kopfweh, aber die Sorgen um meine Mutter konnte ich gut ausblenden.

Am Vormittag begleitete ich einen Mann, der erst diese Woche zu uns gekommen war. Herr Oslib hatte das Korsakow-Syndrom. Eine Erkrankung des Gehirns, die durch jahrelangen, übermäßigen Konsum von Alkohol entstand und sich durch Gedächtnisstörungen äußerte. Meine Aufgabe war es, ihm die Hausordnung, Regeln im Heim und die Möglichkeiten der Therapie nahezubringen. Es war mir wichtig, sein Vertrauen zu gewinnen, um auch später Ansprechpartner für ihn sein zu können. Ich ging mit ihm in die Kantine. Er bestellte sich ein Bier, ich mir einen Kaffee. Herr Oslib ging auf die Toilette. Gott sei Dank schoss mir noch früh genug ein, dass Alkohol für ihn gar nicht ging. Ich bat die Kellnerin während seiner Abwesenheit, ihm ein alkoholfreies Bier im Glas zu bringen.

Während ich mir den Kaffee richtete und Gedanken zum Gespräch machte, sah ich, wie Herr Oslib plötzlich am Dorfplatz vorbeispazierte. Ich stürmte hinaus und fragte, was er hier mache. Er sah mich nur verwundert an und wollte wissen, woher ich seinen Namen wusste und von wo wir uns kannten. Mit der Einladung auf ein Bier in der Kantine bekam ich ihn wieder zu mir.

Ich erzählte ihm also, wo wir gerade waren, worum es hier ging und welche Möglichkeiten er bei uns habe. Er hörte mir zu und unterbrach mich nur einmal kurz, weil er wissen wollte, welchen Berg er dort hinten sehen könne. Ich sagte ihm, dass das der Schöckl, der Hausberg der Grazer, sei und erzählte weiter über die Angebote im Haus, dass ich eine Schwimmgruppe betreue und demnächst mit einer Nordic-Walking-Gruppe starten wollte, wo er gerne mitmachen könnte. Er zündete sich eine Zigarette an, schaute an mir vorbei und fragte mich, wie der Berg dort hinten heiße.

Ich sagte ihm noch einmal, dass das der Schöckl, der Hausberg der Grazer, sei und erzählte weiter über die Angebote im Haus, dass ich eine Schwimmgruppe betreute und demnächst mit einer Nordic-Walking-Gruppe starten wollte, wo er gerne mitmachen könnte.

Er nahm einen ordentlichen Schluck von seinem Bier, wischte sich den Schaum von den Lippen und seufzte zufrieden: „Schön ist es da!"

Weiter wollte er wissen, wo seine Truppe sei. Ich verstand ihn nicht und fragte nach. „Meine Einheit! Das gibt es doch nicht, dass sonst keiner hier ist?", antwortete er zornig. „Sie haben uns in diese Kaserne gebracht und weit und breit nur Zivilisten! Meine Uniform wurde gestohlen, und das Gewehr dürften sie mir auch abgenommen haben." Ich konnte ihm erwidern, dass hier niemand Waffen habe. Wenn er sich aber „körperlich ertüchtigen" wollte, könnte er ja in die Nordic-Walking-Gruppe kommen.

Er sah mich etwas belustigt an und erwiderte: „Wir könnten ja auf den Berg da drüben gehen. – Wie heißt der eigentlich?"

Ich sagte ihm, dass das der Schöckl, der Hausberg der Grazer, sei und erzählte weiter über die Angebote im Haus.

Nach dem Gespräch gingen wir wieder zurück auf die Station. Herr Oslib bevorzugte den Begriff „Unterkunft". Dort dokumentierte ich unser Gespräch.

Am Wochenende blieb oft etwas mehr Zeit, um auch mit den Kollegen ins Gespräch zu kommen. Wir tratschten belanglos über Gott und die Welt. In erster Linie war ich Zuhörer, ich war nie der große Erzähler, liebte vor allem die Geschichten über Entwicklungen von Bewohnern und deren Biografien sowie Berichte darüber, wie noch vor Jahren in der Psychiatrie gearbeitet wurde. In der Unterhaltung fiel dann auch die Frage, wie es um meine Mutter stünde. Einige hatten mitbekommen, wie es mir nach dem Telefonat mit Doris gegangen war und wie es mich beschäftigt hatte. „Mir? – Mir geht es gut!", war die erste schnelle Antwort. Ich erzählte von den Erlebnissen der letzten Tage, davon, was mich seither so beschäftigte und versuchte, meinen Kollegen gegenüber keinen Zweifel aufkommen zu lassen, dass ich alles gut unter Kontrolle hatte.

In Wirklichkeit ging es mir gar nicht gut. Viele Ereignisse des Tages sowie die eine oder andere Geschichte gingen mir nahe, und recht häufig zog ich schnell Parallelen zur Situation mit meiner Mutter. Im Nachhinein betrachtet glaube ich, dass mich meine Kollegen viel früher durchschauten, als ich es dachte.

Am Nachmittag fuhr ich mit einer Kollegin, Frau Müller, Herrn Senekovic und zwei weiteren Bewohnern der Station nach Graz zu einem Konzert der Gruppe Silbermond. Der Konzertbesuch war schon länger geplant. Solche Ausflüge sind immer etwas Besonderes. Die Bewohner sind aufgeregt, etwas nervös, angespannt und freuen sich, aus dem Alltag etwas ausbrechen zu können. Den Begleitern geht es genauso.

Wir fuhren früh genug hin, damit kein Stress aufkommen konnte. Bis zur Pause waren wir dann auch so weit, dass jeder wusste, wo die Toiletten waren, wo es etwas zu essen und trinken gab und wo unser Platz war. Dementsprechend entspannt konnte ich den zweiten Teil des Konzertes auch etwas mehr genießen. Ich schaffte es sogar, mich so in die Musik fallen zu lassen, dass ich regelrecht in Trance geriet. Ich bewegte mich zur Musik, machte teilweise die Augen zu und tanzte, ohne auch nur einen Tropfen Alkohol getrunken zu haben. Manche Lieder gingen mir so unter die Haut, dass ich nahe am Weinen war, bei anderen shakte ich ab, als ob es kein Morgen gäbe. Zwischendurch vergaß ich sogar, wo und mit wem ich hier war. Erst als die Band zu spielen aufhörte und das Licht wieder etwas heller wurde, kam ich zu mir.

Meine Kollegin stand mit breitem Grinsen da, und die Bewohner sahen mich groß an. Ein Bewohner sah mich an und schüttelte den Kopf. Frau Müller kam besorgt auf mich zu und fragte, ob alles okay sei. Sie habe sich Sorgen um mich gemacht, weil ich mich mit geschlossenen Augen so wild gedreht habe. „Das kann auch an den Medikamenten liegen!", sagte sie nervös. Als ich ihr erwiderte, dass alles okay mit mir sei, sagte sie nur: „Mai liab is a! Schön war das Konzert! Gell, Werner?!" Herr Senekovic zeigte mir einen gefundenen Zigarettenstummel und fragte, ob ich Feuer hätte.

Bei der Fahrt zurück auf die Station war die Stimmung großartig. Wir sprachen über die Erlebnisse, was wem gefallen hatte und dass wir so einen Ausflug so bald wie möglich wieder einmal machen müssten.

Nach Dienstschluss war ich aufgewühlt und etwas überdreht. Ich hörte auch noch bei meiner Heimfahrt laut Musik und sang teilweise mit. Nach ein paar Fahrminuten, als ich langsam wieder etwas zur Ruhe gekommen war, schossen mir zahlreiche Gedanken durch den Kopf. Ich dachte an Herrn Oslib, seine Vergesslichkeit und sein Konstrukt der Wirklichkeit. Ich dachte an meine Mutter. Was sie heute wohl gemacht hatte? Ich dachte an Frau Müller, ihre Sorge um mich und ihre Naivität. Das gestrige Gespräch mit unserem Hausarzt, Herrn Senekovits, einen Zigarettenstummel, meine Arbeitskollegen, meine verstorbene Schwiegermutter Brigitte und die Familie zu Hause. Jan hatte heute ein Fußballturnier, und ich hatte mich noch gar nicht erkundigt, wie es ihm dabei gegangen war. Ich dachte an Demenz, Heime im Allgemeinen und 24-Stunden-Pflegeangebote.

Meine Gedanken drehten sich im Kreis, und es war schier unmöglich, Relevantes und Unwichtiges voneinander zu trennen. Was berührte jetzt mein Herz? Wo war ich mit dem Kopf? Was war mit meinem Bauchgefühl?

Mir fiel ein, dass vor ein paar Wochen ein Freund mit mir im Auto mitgefahren war und seine Zigaretten im Handschuhfach liegen gelassen hatte. Ich blieb stehen und rauchte meine erste Zigarette nach sieben Jahren. Es war allerdings keine Entlastung weder für Kopf noch für Bauch. Für das Herz schon gar nicht.

Nachdem ich die Zigarette nach zwei Zügen wieder ausgedrückt hatte und kurz an Herrn Senekovits dachte, durchwühlte ich mein Auto. Einen Kaugummi hatte wieder einmal niemand im Auto vergessen. Also fuhr ich zu einer Tankstelle, um vor dem Nachhausekommen zumindest den Mundgeruch wegzukriegen. Alles andere dürfte mich ohnehin noch eine Weile beschäftigen.

Elisabeth Wiesenhofer, Lebenshilfe Hartberg, *Tageswerkstätte Pöllau*

5. Ordnung ist das halbe Leben

In den darauffolgenden Tagen versuchte ich recht energisch, wieder Ordnung in mein Leben zu bekommen.

Zu wissen, wo ich stand, und Klarheit, nicht nur im Job, zu haben und zu vermitteln, war mir immer wichtig gewesen. Doch wenn ich jetzt über einen Leitsatz meines Vaters „Ordnung ist das halbe Leben" nachzudenken begann, kam es mir so vor, als ob ich gerade in die andere Hälfte meines Lebens eintauchte.

Es war Chaos. Ich brauchte Strategien, Ideen, Visionen. Im Nachhinein betrachtet, war es aber einfach Zeit, die ich brauchte. Manchmal war ich gedanklich schon so weit, dass ich dachte, auf der Stelle einen zusätzlichen Job finden zu müssen, um die finanzielle Belastung, die es so wirklich noch gar nicht gab, meistern zu können. Es galt einen Heimplatz, oder eine 24-Stunden-Pflegekraft zu bezahlen, um Förderungen anzusuchen und, und, und. Ich gab Vollgas, bevor ich überhaupt einen Gang eingelegt hatte und wusste, wo ich wirklich hinwollte.

Ich war zwei Schritte voraus und weit weg vom tatsächlichen Bedarf.

Als ob das nicht genug gewesen wäre, rief mich auch noch der Berater unserer Hausbank an. Er wolle mit mir reden. Es ginge um das Konto meiner Mutter. Beim Treffen wies er mich gleich darauf hin, dass es datenschutzrechtlich nicht ganz okay sei, was er gerade mache, es ihm aber wichtig sei, mit mir zu reden, wofür ich ihm sehr dankbar war. Im gleichen Atemzug bat er mich auch, Mutter von diesem Gespräch nichts zu sagen. In der Bank zeigte er mir dann Kontoauszüge. Abgesehen davon, dass Mutter oft, kurz nachdem sie ihre Pension erhalten hatte, schon wieder Abbuchungen von ihrem Konto machte, stand ganz unten ein fettes Minus. Im ersten Moment wusste ich nicht, worüber ich mich mehr ärgern sollte. Über das Handeln meiner Mutter oder die Bank, die meiner Mutter Geld, das sie gar nicht hatte, gab. Auf die Frage, warum sie dann noch immer Geld bekommen habe, erhielt ich eine vertraute Antwort, wie vor ein paar Tagen von Gerti beim Kirchenwirt: „Wir können der Frau Nussgraber doch nicht einfach nichts geben, wie sieht denn das aus? Sie ist langjährige Kundin …"

In einem ruhigen Moment rief ich meine Schwester Gudrun an. Gudrun ist zwölf Jahre älter als ich, wohnt in der Nähe von Wien, ist verheiratet, Mutter von zwei erwachsenen Kindern und mittlerweile selbst Oma. Aufgrund unseres großen Altersunterschieds war sie in meiner Kindheit oft mehr Mutterersatz als Schwester. Sie hatte mich in den Kindergarten begleitet, mir bei den Schulaufgaben geholfen, tanzen gelehrt, bei meinem ersten Vollrausch für Kübel und Bett gesorgt und mich gedeckt, wenn ich etwas ausgefressen hatte. Ich war eifersüchtig, als sie ihren ersten Freund mit nach Hause brachte und habe meinem heutigen Schwager die erste Zeit mit ihr nicht gerade leicht gemacht. Auch sonst war sie oft Ansprechperson, und wir pflegten lange Zeit eine sehr gute und enge Beziehung. Sie war nicht nur Schwester, sie war lange Zeit tatsächlich auch ein Stück weit Mama für mich.

Jetzt hatten wir beide unsere eigenen Familien, sahen uns vielleicht alle zwei bis drei Wochen, wenn sie auf Besuch nach Pöllau kam und telefonierten gelegentlich.

Ich rief sie also an und begann mit der Frage: „Hallo, wie geht's?" Jeder, der meine Schwester kennt, weiß, dass so eine Frage in einen nicht enden wollenden Monolog von ihr übergehen kann. Sie redet einfach gerne, und wenn man darauf vorbereitet ist und Zeit hat, ist das auch in Ordnung.

Nach etwa zwanzig Minuten erzählte ich ihr, was die letzten Tage bei uns so los gewesen war. Von einer verstopften Toilette, Krapfen, einem leeren Bankkonto, unserem Arztbesuch und, und, und.

Jetzt war am anderen Ende der Leitung Stille. Es dauerte etwas, bis meine Schwester antwortete. „Auweh! Ja, da müsst ihr schauen, wie das geht!"

Ich hatte das Gefühl, dass sie selbst überfordert war. Auch wenn sie im letzten Satz unseres Gesprächs sagte, dass sie mich nicht im Stich lassen würde, was mit Sicherheit ernst gemeint war, kam für mich rüber, dass es mein Problem und nicht ihres war, was mich schon irgendwie irritierte und unsere Beziehung nachhaltig auf eine schwere Probe stellen sollte, deren Ausmaß mir in diesem Moment bei Weitem noch nicht bewusst war.

An den darauffolgenden Tagen ging ich zu den Geschäften und in die Lokale, die Mutter gerne besucht hatte. Ich sprach mit den Angestellten und bat sie, mich zu kontaktieren, wenn etwas Außergewöhnliches im Zusammenhang mit ihr passiere. Vor allem bat ich sie, meiner Mutter nur dann etwas zu geben, wenn sie genügend Geld bei sich hätte und nichts mehr anschreiben zu lassen. Nebenbei beglich ich offene Rechnungen. Es ergaben sich aber auch spannende Gespräche, die das Ausmaß der Katastrophe langsam sichtbar machten.

Zwischendurch beziehungsweise während ich den einen oder anderen Kaffee trank, überkam mich ein Gefühl der Hilflosigkeit.

Ich spürte tiefe Betroffenheit bei meinen Gesprächspartnern und bekam auch gleich einige Ratschläge kostenlos dazu. Die Frau Nussgraber, die ehemalige Geschäftsfrau, über die niemand ein schlechtes Wort verlor, unsere Chefin, die Oma, meine Mama konnte ihre, für sie früher so wichtige Ordnung nicht mehr halten. Mir fiel wieder der Bankangestellte ein, der mir unbewusst in seinem Gespräch mitgeteilt hatte, dass hier gerade eine Ära zu Ende gehe.

Ohne eine Absprache mit meiner Mutter selbst ging ich hier also herum, zahlte ihre Schulden und bekam ein neues, irgendwie eigenartiges und verstörendes Bild von ihr. War das, was ich gerade gut für meine Mutter meinte, auch tatsächlich gut? Schickte ich sie dadurch nicht in eine Abhängigkeit zu mir, die ich so vielleicht gar nicht wollte? Wie würde sie damit umgehen, wenn ich nicht nur ihre Medikamente, sondern auch ihr Geld verwaltete? Den großen Unterschied zwischen gut meinen und gut tun kannte ich nicht zuletzt von ihr selbst.

Für mich als Pädagogen, dem Selbstbestimmung und Empowerment[2] immer so wichtig in der Arbeit waren, war es schlimm, Schritt für Schritt immer mehr Verantwortung für Mutter übernehmen zu müssen. Oder Verantwortung übernehmen zu dürfen? Doch bis mein Kopf so weit war, brauchte es noch dieses so wichtige und oft unterschätzte Gut namens Zeit.

Ich suchte die Münzsammlung meines Vaters, die Mutter geerbt hatte, um die Schulden auf der Bank leichter zahlen zu können. Doch da war nichts mehr. Darauf angesprochen, meinte Mutter nur, dass sie sich nie etwas daraus gemacht habe und keine Ahnung hätte, wo so etwas sein sollte.

Am gleichen Tag informierte ich auch meine Tante, Mutters Schwester, über die Vorfälle der letzten Zeit. Gerda ist sechs Jahre jünger als Mutter und lebt im selben Ort. Die Beziehung zwischen den beiden war nicht immer reibungslos. Vor allem in Kindheit und Jugend war die Dominanz meiner Mutter sicher nicht immer leicht für meine Tante gewesen.

Tante Gerda, die auch für das Essen-auf-Rädern-Team aktiv ist, hatte schon erfahren, was im Schloss-Café los gewesen war. Sie wusste auch zu erzählen, dass ihr immer wieder berichtet wurde, dass Mutter in Gasthäusern fremde Leute einlud und mit Geld nur so um sich warf.

Dass die Diagnose Demenz im Raum stand und uns der Arzt bereits eine 24-Stunden-Pflege geraten hatte, war dann aber auch für sie neu.

Am Abend surfte ich ein wenig im Internet zum Thema Pflege, Heime und Agenturen, die 24-Stunden-Pflegekräfte anboten. Alles wunderschöne Seiten. Pfleger, die mit alten Menschen

---

[2] Der Begriff „Empowerment" steht für „Selbstbefähigung, Ermächtigung, Bevollmächtigung" und zielt in der Pädagogik darauf ab, vorhandene Fähigkeiten von Personen zu stärken und deren Ressourcen auszuschöpfen.

spazieren gingen, Karten spielten, sangen, tanzten, auf sonnendurchfluteten Terrassen Kaffee tranken, schöne Aufenthaltsräume und nette Zimmer. Doch das Thema Heim hatte sich relativ schnell erledigt und war anfänglich keine tatsächliche Option.

Das Feedback von Familien, die sich für eine 24-Stunden-Kraft entschieden hatten, war gut. Trotzdem konnte ich mich mit dem Gedanken, einen fremden Menschen bei uns im Haus zu haben, nicht leicht anfreunden. Was war, wenn sich Mutter mit ihr nicht vertrug? Passte die Mentalität zu ihr? Konnte diese Person auch deutsch?

Wir hatten ein großes Haus und ein Platz für eine Pflegeperson war sicher machbar. Nur wollte ich das? Wollte meine Mutter das?

In den darauffolgenden Tagen versuchte ich, die Meinung meiner Mutter herauszufinden. Ein Unterfangen mit eingeschränkt brauchbarem Ergebnis. Sie ließ mich wissen, dass sie sich gut fühlte, wenn ich bei ihr war. Dass sie nicht jede Pflegekraft akzeptieren würde, war mir ohnehin klar. Im Grunde übergab sie mir die Verantwortung dafür, die richtige Entscheidung zu treffen. Besser gesagt, die passende Entscheidung zu finden.

Die Familie war mir wichtig und blieb im Grunde auch bei den ganzen Überlegungen über die Zukunft im Fokus.

Natürlich traute ich anderen Menschen zu, Mutter gut zu versorgen. Doch wuchs Tag für Tag immer ein Stück weit mehr der Gedanke, zu Hause zu bleiben und die Pflege selbst in die Hand zu nehmen.

In Wahrheit spürte ich, dass ich zu Hause gebraucht wurde. Ob mir Mutter, meine Frau, die doch noch immer mit dem Tod ihrer Mutter zu kämpfen hatte, oder meine Kinder den tatsächlichen Grund dazu gaben, ist sekundär. Fakt war, ich arbeitete 60 km entfernt mit Menschen. Half, begleitete, förderte, pflegte – und suchte ernsthaft jemanden, der genau diese Tätigkeit für mich zu Hause übernehmen sollte? Das war doch pervers, oder? Ich verdiente Geld mit der Hilfe für fremde Menschen, damit ich fremde Menschen, die sich um meine Familie kümmerten, bezahlen konnte? Haallooo?! Ging's noch?

Als Pädagoge war mir „natürlich" klar, dass es emotional etwas ganz anderes war, mit der eigenen Mutter anstatt mit fremden Personen zu arbeiten. Das wahre Ausmaß war mir zu diesem Zeitpunkt aber noch nicht bewusst.

Ich glaubte auch, zu wissen, was es hieß, rund um die Uhr für jemanden da zu sein, nicht nach acht Stunden nach Hause zu gehen, keine geregelten Dienstzeiten und Urlaubsanspruch zu haben und um ein Drittel weniger zu verdienen als zuvor.

Bernhard Huber

6. Alea iacta est – die Würfel sind gefallen

Die Wochen vergingen und eine „Work-Life-Balance", wie man es neudeutsch so schön sagt, zu halten, wurde nach und nach schwieriger. Es war für mich kaum zu benennen, ob die acht Stunden am Arbeitsplatz oder die Zeit zu Hause anstrengender waren. Auch konnte ich nicht sagen, was herausfordernder oder erfüllender war oder mehr Spaß machte. Aber der Reiz, etwas ganz Neues, anderes zu machen und ein Stück weit Erfahrungen zu sammeln und etwas auszuprobieren, das nur wenige machen, wurde von Tag zu Tag größer …

Ich nahm also Abschied von meiner Dienststelle als Pädagoge auf der psychiatrischen Station. Ich tat es mit einem lachenden und einem weinenden Auge. Ich mochte diese Aufgabe und die Menschen dort, auch der Verdienst war überdurchschnittlich und die Arbeit spannend und interessant. Trotz all dem spürte ich bereits nach zwei Jahren leichte Abnützungserscheinungen. Psychiatrie kann eben auch fordernd und anstrengend sein beziehungsweise massiv auf den Geist gehen.

Unvergessen wird mir ein Erlebnis mit dem Stationsleiter bleiben, als wir einen Bewohner ins Krankenhaus begleiteten und dieser im Warteraum, nach einer etwas längeren Wartezeit, plötzlich zu randalieren begann. Bis ein Arzt dazu kam und geschockt meinte: „Dieser Mann gehört ja in die Psychiatrie!" Die trockene Antwort meines Chefs „Was glauben Sie denn, von wo wir sind?" beschleunigte die Untersuchung im Krankenhaus.

Auch wenn solche Erlebnisse nicht an der Tagesordnung waren, gab es doch oft spannende Tage, an denen dann zu Hause Entspannung zu finden sehr schwer war. Ich war überzeugt davon, dass mir der Abstand gut tun würde.

Ein neu geregeltes Gesetz erlaubte mir, für drei Monate in Pflegekarenz zu gehen. Auch wenn ich mir damals bereits sicher war, dass ich diese neue Herausforderung annehmen würde, war es gut zu wissen, dass ich theoretisch wieder zurückkommen konnte. Da wir gegen den Bescheid der Erstbegutachtung auf Zuerkennung des Pflegegeldes für meine Mutter geklagt hatten und ihr danach eine höhere Pflegestufe zuerkannt wurde, konnte ich anschließend weitere drei Monate, also insgesamt ein halbes Jahr, in Karenz bleiben.

Ich hatte das Gefühl, klar Schiff zu machen, ohne zu wissen, wo es genau hinging. Wie lange die Reise dauern würde. Ob mein Schiff die kommenden Stürme aushalten würde. Ob ich genug Proviant mithatte beziehungsweise auch auf Inseln stoßen würde, auf denen ich Kraft tanken konnte. Erlangte ich, noch bevor ich irgendwann den tosenden Wasserfall am Ende der Welt hinunterstürzte, die Erkenntnis, dass die Erde doch keine Scheibe war oder würde es wie eine Fahrt in stillem Gewässer auf einem Floß werden?

Nein, ich wurde nicht gleich verrückt und hatte auch nicht vor, es zu werden, aber Unsicherheit, ob die gerade passende Entscheidung auch die richtige war, begleitete mich noch lange.

Wie jede Blüte welkt und jede Jugend
Dem Alter weicht, blüht jede Lebensstufe,
Blüht jede Weisheit auch und jede Tugend
Zu ihrer Zeit und darf nicht ewig dauern.
Es muß das Herz bei jedem Lebensrufe
Bereit zum Abschied sein und Neubeginne,
Um sich in Tapferkeit und ohne Trauern
In andre, neue Bindungen zu geben.
Und jedem Anfang wohnt ein Zauber inne,
Der uns beschützt und der uns hilft, zu leben.[3]

---

3 Hermann Hesse, Sämtliche Gedichte in einem Band, Stufen, Suhrkamp Verlag, Frankfurt am Main 1995

Bruno Windhaber, Lebenshilfe Hartberg, *Tageswerkstätte Pöllau*

ZWEITES KAPITEL

TAGEIN, TAGAUS „DA DAUDALAU"[4]

Wenn ich vom Daudalau spreche, meine ich den Alltagstrott.
Der, scheinbar ohne Highlight, ermüdende Alltag.
Der selbst gemachte Stress.
Die Entdeckung der Langsamkeit und dem Leben mit ihr.
Sowie die immer wiederkehrenden Ereignisse und
Feste im Jahreskreis.

1. Was soll denn schon sein?

Der nächste Schritt auf meiner ungeschriebenen To-do-Liste war die bedarfsorientierte Neuadaptierung der Räumlichkeiten meiner Mutter.

Vor allem das Errichten eines barrierefreien Pflegebades und die Neugestaltung des Sanitärbereiches inklusive Toilette standen da ganz oben. Das bisschen Haushalt ginge so nebenbei, und was sollte schon sein?

„Was soll denn sein?" ist übrigens auch das Zitat eines sehr guten Freundes der es immer, gerne kurz bevor dann tatsächlich etwas passierte, anbrachte. Seine Aussage steht zwar in keinem un-

---

[4] Der Begriff „Dau(n)dalau(n)" ist ein österreichischer Mundart Ausdruck der ursprünglich aus dem Salzburger Pinzgau kommt. Er ist aber auch in der Oststeiermark und dem südlichen Burgenland bekannt und bedeutet so viel wie: eintönig, ohne jegliche Abwechslung vor sich hinarbeiten.

mittelbaren Zusammenhang mit der Geschichte meiner Mutter, aber ich musste oft daran denken. Vor allem, wenn dann sehr wohl etwas war.

Für den Umbau stand der Abriss einer ganzen Mauer, um zwei Räume miteinander zu verbinden, auf dem Programm.
   Nach der Abklärung mit einem Fachmann, was ging und was nicht, stemmte ich munter darauflos. Das tat gut. Im Gegensatz zum Großteil meiner sonst pädagogischen Arbeit sah man sofort Erfolg wie auch Misserfolg. Ebenso wie beim Kochen sah beziehungsweise roch und schmeckte man den sprichwörtlichen Griff ins Klo sofort. Und wenn man tatsächlich etwas übersehen hatte, konnte man sich der entsprechenden Rückmeldung der Familie sicher sein.

Ich erinnerte mich, dass Mutter erst vor ein paar Tagen Erdäpfel, ohne Wasser dazuzugeben, auf den Herd gestellt hatte. Sie hatte wahrscheinlich gemeint: „Was soll denn schon sein!?" Im ganzen Haus roch es bald verbrannt. Nachdem wir sie darauf aufmerksam gemacht hatten, nahm sie den Topf vom Herd und schmiss ihn samt Inhalt in den Müll. Der einzige Kommentar, der früher so genauen und durchorganisierten Geschäftsfrau war ein gleichgültig wirkendes „Komplett vergessen!"

Nach der anfänglichen Umbaueuphorie konnte ich aber bereits am zweiten Tag der Arbeiten einen Misserfolg verbuchen. Am ersten Tag war ich noch begeistert darüber, wie viel Spaß es machte, mit aller Kraft einen Hammer auf ein Stemmeisen zu schlagen, um etwas zu zerstören.
   Ich konnte dabei, ähnlich wie beim Tanzen, alles rund um mich so richtig vergessen. Doch am Abend tat mir alles weh, und ich beschloss, für den nächsten Tag einen ordentlichen elektrischen Schlagbohr-Hammer zu besorgen.
   Dabei war mir wichtig, nicht irgendein Heimwerker-Micky-Maus-Spielzeug zu besorgen, sondern es sollte schon ein ordentlich schweres 2000-Watt-Gerät sein. Etwas für Erwachsene eben!

Dass Gewicht allerdings nicht unbedingt ein positives Qualitätsmerkmal für so ein Teil ist, merkte ich erst zu Hause.

Kaum hatte ich mit dem Gerät begonnen, kam meine Mutter. „Was machst du da? Tu dir nicht weh! Steht die Leiter eh gut?" Für kurze Zeit dachte ich mir: „Cool, Mutter kann tatsächlich noch passende Fragen stellen." Den Satz „Was soll denn schon sein?" verkniff ich mir.

Just am Ende, nachdem ich ihr erklärt hatte, dass ich alles im Griff hätte, löste sich beim ersten neuerlichen Anstemmen ein Riesenbrocken der Mauer und zerstörte mit einem Schlag die noch intakte und während der Umbauzeit dringend benötigte Klomuschel. – Na prack! – Sehr super!

Wasser spritzte durch den Raum, überall Keramikteile und Schutt!

Gott sei Dank stand ich mit meinem Bohrhammer sicher auf der Leiter.

Ich hätte schreien können! Gerade kein stemmbares Mauerteil in Griffweite. Nur meine Mutter, die zur Tür hereinschaute und mir mit einem „Oje" am Rande der Baustelle das Gefühl „Das hätte ich dir gleich sagen können" vermittelte.

Das Wasser war schnell abgedreht – aber wie jetzt weiter? Mutter brauchte Ersatz und zwar sofort! Die Besorgung einer Übergangsklomuschel, bis das Bad fertig war, stellte sich schnell als Schnapsidee heraus. Der Aufwand war zu groß. Es musste sowieso alles erneuert werden, nur wollte ich die Muschel als Letztes tauschen, damit es eben nicht zu diesem Problem kam, welches wir jetzt hatten.

Kurzerhand, es war wohl die beste Idee an diesem Vormittag, ging ich mit Mutter ins Schloss-Café. Noch bevor sie sagen konnte, dass sie noch nie dort war, sagte ich ihr, dass wir schon öfters dort gewesen waren.

Doris hatte Dienst und brachte uns zwei Kaffee. Als Mutter auf die Toilette ging, sah sie etwas skeptisch hinterher. Vielleicht hatte sie Angst, dass sie wieder etwas verstopfte. Ich aber war froh, dass sie im Café auf die Toilette ging.

Wieder zu Hause, begann ich zu kochen. Meine Mutter verschwand in ihren Wohnbereich. Etwa zehn Minuten später klopfte sie bei mir. Entsetzt sah sie mich an: „Magst du bitte mit runterkommen?" Ich schaltete den Herd aus und ging mit ihr. „Schau dir das an! Was ist denn da passiert?" Mutter zeigte mir das Riesenloch in der Wand zwischen Abstellraum und Toilette und die kaputte Klomuschel. „Hier sieht es aus, als ob eine Bombe eingeschlagen hätte", schrie sie verwirrt, verängstigt, etwas verhalten, aber sehr entsetzt.

Ich nahm sie in den Arm, versuchte zu beruhigen und erklärte, wie es dazu gekommen war. „Ich brauche doch gar kein neues Bad", sagte sie darauf. Überzeugter denn je, ohne zusätzlich auf den Bauschutt und das zerbrochene Keramik zu zeigen, konnte ich ihr dieses Mal ganz klar sagen: „Doch!"

„Wenn du auf die Toilette musst, komm einfach zu uns nach oben." Oma schüttelte noch einmal verständnislos den Kopf und ging in ihr Wohnzimmer. Ich ging, um weiter zu kochen. Eine halbe Stunde später stand sie wieder vor meiner Tür. „Kann ich bei euch auf die Toilette gehen?"

In den kommenden Tagen organisierten wir einen Toilettenstuhl für sie. Speziell Bettina setzte sich sehr dafür ein und war daran interessiert, dass Mutter wieder einen eigenen Bereich dafür hatte.

Generell wollte ich anfangs Mutter mehr in entscheidungsfindende Prozesse einbeziehen, gab es aber immer wieder recht bald auf und übernahm die alleinige Verantwortung für den Umbau.

Es schien ihr egal zu sein, dass ich in ihrem Wohnbereich teils massive Veränderungen durchführte, Bauschutt anfiel, alte Fliesen entsorgt und sanitäre Einrichtungen erneuert wurden.

Sie sah sich jeden Tag die Baustelle an. Ob sie die Veränderungen bemerkte, kann ich nicht sagen. Oft fragte sie auch etwas verwundert, was ich hier mache. Sie sagte zwar: „Bist fleißig!" Ein Statement zum Baufortschritt, ob es ihr gefiel, ob sie etwas anders wollte oder warum ich etwas so machte, wie ich es machte, kam aber nie.

Ein Standardsatz, den ich künftig noch oft hören würde, war: „Wie du meinst!"

Sie akzeptierte mich als Herr im Haus, was viele, auch andere zukünftige Entscheidungen leichter machte.

Im krassen Gegensatz zu meiner Frau. Sie akzeptiert mich als Mann. Entscheidungsfindungsprozesse sehen in unserer Beziehung allerdings ganz anders aus, und das würde ich als das Salz in der Suppe bezeichnen. Gott sei Dank ist es so!

Einmal, es war mitten in den Bauarbeiten, erzählte ich Mutter alles, was wir bis jetzt gemacht hatten, welche Schwierigkeiten noch vor uns lagen, wie das Bad aller Voraussicht nach später einmal aussehen würde, welche Erleichterungen sich dadurch für sie ergäben und so weiter. Ich ließ sie den Plan ansehen, zeigte ihr Fliesenmuster, Vorschläge für einen Spiegelschrank und Ähnliches. Doch Mutter sah mich an, als ob ich von irgendwem und über irgendwas erzählte. Sie konnte das Projekt nicht mit ihr und ihrer Wohnung verknüpfen!

Ich erinnerte mich an die Zeit, als ich noch für die Lebenshilfe gearbeitet hatte und nach einem Jahr als Pädagogischer Leiter einer Einrichtung wieder zurück in die direkte Betreuung ging. Ich hatte mir auch damals einen klaren Plan zurechtgelegt, was ich mit meiner Gruppe bis wann alles erledigen wollte. Welche Projekte wir angehen und wie wir unsere Förderpläne anlegen sollten, um unsere Ziele zu erreichen.

Die Geschichte ging gut, bis wir an einem freien Nachmittag die Zeit nutzten, um in ein Kaffeehaus zu gehen. Ein Zivildiener begleitete uns, und ich nahm Rosi, eine Frau, die beim Gehen Unterstützung brauchte, an der Hand. Wir gingen los. Alle freuten sich auf den Kaffeehausbesuch. Doch der Weg, vor allem mit meiner Begleitung, hatte so seine Tücken. Rosi ging extrem langsam. Am Anfang machte ich noch mit, tratschte mit ihr und versuchte mit motivierenden Worten, sie zum schnelleren Gehen zu bewegen. Als wir den Zivildiener mit dem Rest der Gruppe schon fast aus den Augen verloren hatten, versuchte ich, flotter mit Rosi zu gehen. Erfolglos! Sie ging ihr Tempo, egal, was ich sagte. Als ich zu ziehen begann, fauchte sie mich an und ging noch langsamer. Wir begannen das Spiel von vorne. Ich erzählte von köstlichen Torten und Kaffee, die uns dort erwarteten, versuchte, sie mit leichtem Ziehen dazu zu bewegen, schneller zu gehen. Erfolglos! Dem Zivildiener, der die Gruppe bereits gut kannte, gab ich zu verstehen, dass sie vorausgehen sollten. Schließlich war es nicht mehr weit, und ich dachte, vielleicht sei das eine Motivation für Rosi. Nein, war es nicht! Sie fauchte mich ein zweites Mal an, blieb stehen und ging nach kurzer Pause gemächlich ihr Tempo weiter.

Als wir endlich das Lokal erreichten, hatten alle anderen schon ihren Platz und zumindest ein Getränk. Da ich relativ erschöpft war, bestellte ich mir ein großes Mineralwasser, Rosi einen Kaffee und ein Stück Torte. Nachdem ich mich ein drittes Mal hatte anfauchen lassen, weil sich Rosi mehr Zeit beim Torte essen ließ, als mir lieb war, traten wir den Weg zurück zur Lebenshilfe an. Beinahe dasselbe Spiel wiederholte sich beim Rückweg.

Wir, also ich, verschwitzt und außer Atem, und meine Begleitung, relaxt mit einem breiten Grinsen im Gesicht, kamen als Letzte gerade rechtzeitig zum Bus, der auch Rosi nach Hause brachte.

Die Erkenntnis, wie wichtig es ist, den Menschen dort abzuholen, wo er steht, wurde mir noch nie so bewusst vor Augen geführt wie an diesem Tag.

Was nützten mir Förderpläne und die schönsten Projekte? Was der Wunsch, schnell und zackig Ziele abzuarbeiten und auf den Ergebnissen aufzubauen? Rosi hatte mir an diesem Nachmittag die Augen geöffnet und gezeigt, dass es nur gemeinsam ging und vor allem sie mein Auftraggeber war und das Tempo vorgab. Nicht ich, keine Leistungsverordnung, keine Geschäftsführung, nein, sie allein bestimmte und niemand sonst!

„Der Mensch wird am Du zum Ich"[5] und kann es nur im Dialog, wie immer der auch aussehen mag, werden.

Doch wo war dieser Dialog zwischen Mutter und mir? Sie, die mittlerweile alles machte, was ich sagte. Ihr, der alles egal war. Bei der ich vor der Frage schon die Antwort kannte.

Fakt war, ich ging ein Tempo, bei dem Mutter nicht mithalten konnte. Um die Chance zu wahren, mit ihr in Gleichklang zu kommen, musste ich also herunter mit der Geschwindigkeit, sonst lebten wir in zwei verschiedenen Welten. Ich musste – besser gesagt, durfte – meine eigene Langsamkeit kennenlernen.

Vom Müssen zum Dürfen kann es auch ein mühsamer Weg sein, der mir anfangs irrsinnig schwergefallen ist.

Die Zeit half. Schließlich waren irgendwann die Stemmarbeiten abgeschlossen. Welche Fliesen Mutter und ich aussuchten, war sekundär. Den passenden Handwerker zu bekommen, brauchte ja auch seine Zeit, und Expertenmeinungen – damit meine ich die Meinung meiner Mutter – sind eben auch nicht so einfach zu erhalten.

Den Schritt so langsam, gemächlich und unbeeindruckt vom Umfeld zu machen, wie es Rosi damals tat, schaffte ich jedoch nie.

Es gab allerdings nicht immer herausfordernde Tätigkeiten und, wie gesagt, irgendwann waren die Stemmarbeiten abgeschlossen. So ging ich, wenn Mutter schlafen gegangen war, gerne ins Bierstüberl, um den Alltag hinter mir zu lassen. Oder verabredete mich mit Freunden.

Auch wenn es vielleicht seltsam klingt, wenn ich sage, ich musste mich ab und zu zwingen, fortzugehen, weiß ich, dass es wichtig und weit mehr als eine Burnout-Prophylaxe war.

---

5 Martin Buber, Das dialogische Prinzip, Gütersloher Verlagshaus, 10. Auflage 2006

Hannes Stranz, Lebenshilfe Hartberg, *Tageswerkstätte Pöllau*

2. Feste feste feiern

Vor dem Telefonat mit Doris, als ich noch in der Psychiatrie arbeitete und erste Anzeichen von Demenz bei meiner Mutter noch als harmlose Vergesslichkeit abgetan wurden, feierte ich meinen vierzigsten Geburtstag.

Bettina, die auch kurz davor ihr Wiegenfest hatte, und ich luden zu einer Feier mit Freunden, Nachbarn und Verwandten.

Als ich Bettina vor circa achtzehn Jahren in Oberösterreich kennengelernt hatte, war es ein Neustart gewesen. Ich hatte als Juniorchef der Firma meiner Eltern abgedankt, mir damals bereits das erste Mal eine Art Auszeit genommen und in Hartheim bei Linz ein Freiwilliges Soziales Jahr begonnen. Es war mir einfach nur wichtig, weit weg von zu Hause zu sein. Eine Neuorientierung war nicht das unmittelbare Ziel meines Abstandes zum Elternhaus, sie passierte ganz automatisch. Dass ich dabei meine heutige Frau kennenlernte und vier Jahre später, samt kleiner Familie, wieder zu Hause einziehen würde, war in dieser Form zu diesem Zeitpunkt natürlich nicht geplant.

Die Einladung zum gemeinsamen Geburtstagsfest war noch vor dem tragischen Tod meiner Schwiegermutter erfolgt. Anstatt einer ausgelassenen Party mit lauter Musik, Tanz und jeder Menge Alkohol wie in den Jahren zuvor wurde es, überschattet vom traurigen Ereignis, eine Feier, bei der das Miteinander, der Zusammenhalt in der Familie und die Vertrautheit zu Freunden und Nachbarn, im Mittelpunkt stand. Bettinas Mutter, in ihrem Job oft mit dem Tod konfrontiert, war nach der Trauer über verstorbene Patienten als Mutmacherin für Hinterbliebene mit ihrer lebensbejahenden Art bekannt. Sie hätte wahrscheinlich gesagt: „Das Leben geht weiter." Außerdem hatte ich für sie jede Menge trockenen Wein, wie sie ihn mochte, eingekauft. Wer sollte denn den sonst trinken?

Wir hatten das ehemalige Geschäft meiner Mutter, das immer mehr zu einem Abstellraum in bester Ortslage wurde, hergerichtet sowie Bänke und Tische in den Hof gestellt.

Nach und nach trafen Gäste ein. Freunde aus Oberösterreich waren bereits am Vortag gekommen, unsere Geschwister mit ihren Familien waren hier, auch Bettinas Vater ließ es sich nicht nehmen, zu kommen. Meine Mutter stand mitten in der Menge, ging von Tisch zu Tisch, tratschte in ihrer üblichen Art und hatte sichtlich Vergnügen daran, dass so viele Menschen bei uns waren. Herzlich begrüßte sie auch meinen Schwiegervater.

Als sie ihn unmittelbar darauf noch einmal begrüßte und fragte, wie es Brigitte gehe, stand uns allen, die das Gespräch mitbekommen hatten, das blanke Entsetzen im Gesicht.

Mitten im eigenen Schock fragte ich sie, ob sie mit mir mitkommen könne, um die Spannung etwas aus der Situation zu nehmen. Wir gingen in ihren Wohnbereich und setzten uns an den Küchentisch. Ich wollte ihr etwas sagen, doch ich konnte nicht. Es war so still im Raum, dass man den Sekundenzeiger der Küchenuhr hörte. Ich setzte ein zweites Mal an, doch ich konnte es ihr nicht sagen.

Stattdessen schweiften meine Gedanken ab, zu dem Tag, an dem ich Brigitte kennengelernt hatte.

Bettinas beste Freundin, die gerade mit uns Geburtstag feierte, hatte damals geheiratet, und ich war mit ihr zur Hochzeit geladen. Ich kannte Bettina selbst erst ein paar Wochen und sagte im jugendlichen Leichtsinn natürlich zu, ohne darüber nachzudenken, welche Folgen das für mich hatte. Erst später wurde mir bewusst, dass ich bei ihr zu Hause würde übernachten müssen und ihre Eltern kennenlernen würde.

Als ob das alles nicht schon schlimm genug gewesen wäre, schickte mich Bettina auch noch allein auf die Reise. Ich durfte am Samstag noch arbeiten, und sie war bereits am Freitag vorausgefahren.

Ich fuhr also als jung verliebter Naivling, entsprechend Bettinas Wegbeschreibung, von Hartheim bei Linz nach Weißenbach an der Enns, in die Obersteiermark. Navis, glaube ich, gab es damals noch nicht. Ich traue mich aber, zu behaupten, dass diesen Weg auch heute kein Navigationsgerät der Welt so vorschlagen würde. Egal. Auf jeden Fall vertraute ich Bettinas Beschreibung und fuhr durch Dörfer, von denen ich noch nie zuvor gehört hatte, über Straßen, bei denen ich oft nicht wusste, ob es jetzt eine Hofzufahrt war oder ob es hinter dem Hügel doch noch einen weiterführenden Weg geben würde.

Als ich bei der angegebenen Adresse ankam, stand eine Frau vor dem Haus. Ich parkte ein, richtete mir die Haare und stieg aus dem Wagen. Die Frau reichte mir die Hand und begrüßte mich: „Sie sind sicher der Herr Nussgraber. Ich bin Brigitte, die Mutter von Bettina. Bettina ist gerade bei ihrer Freundin, aber kommen Sie ruhig herein!"

Anfangs dachte ich, es handelte sich um einen Scherz. Aber als ich ins Haus kam und auch ihren Vater Erwin kennenlernen durfte, wusste ich, dass es kein Scherz war. Bettina war tatsächlich nicht zu Hause, und ich saß komplett allein mit ihren Eltern in der Fremde. Nicht nur, dass ich den Sekundenzeiger der Küchenuhr, wie auch heute, laut hörte, die Zeit wollte einfach nicht vergehen …

Genau so saß ich jetzt also gerade bei meiner Mutter in der Küche. Man könnte meinen, dass ich sie besser kannte als damals Brigitte und Erwin, trotzdem fehlten mir die Worte. Etwas irritiert fragte meine Mutter: „Habe ich einen Blödsinn gesagt?" Ich quälte mir ein leises, den Tränen nahes „Ja!" heraus. „Brigitte ist vor zwei Monaten beim Bergwandern tödlich verunglückt!" Schockiert erwiderte sie: „Das tut mir aber leid!" Mit aufgebrachter Stimme fragte ich sie verständnislos: „Wie kann man so etwas nur vergessen?" Mit ruhiger Stimme antwortete Mutter: „So was. Die Brigitte!", sie ging ohne ein weiteres Wort ins Wohnzimmer und legte sich hin, um zu rasten. Ich wurde wütend, von einer Sekunde auf die andere, als ob Mutter einen Knopf bei mir gedrückt hätte. Ich würde mich als ruhigen, grundsätzlich positiven, das Gegenüber wertschätzenden und ausgeglichenen Menschen beschreiben. Doch in diesem Moment war ich so wütend, dass ich am liebsten mit dem nächstbesten Gegenstand die Küchenuhr von der Wand geschossen und laut geschrien hätte! Wie konnte sie nur diesen Menschen vergessen? Wie konnte sie nur?

Es brauchte etwas Zeit, bis ich mich einigermaßen beruhigt hatte und meine Gesichtsfarbe normal war.

Ich ging wieder hinunter zu den Gästen, denn es war noch einiges herzurichten. Zu diesem Zeitpunkt kam es mir auch gar nicht in den Sinn, weiter zu hinterfragen, was da gerade los gewesen war. Ich war einfach nur zornig!

Inzwischen war auch Lars, Bettinas Bruder, mit seiner Freundin gekommen. Lars hatte ich am selben Tag wie Bettinas Eltern kennengelernt. Er hatte sich damals zu Brigitte, Erwin und mir in die Küche gesetzt.

… Zuerst wussten wir nicht so recht, worüber wir uns unterhalten sollten, doch dann sind wir irgendwie über die Musik zum Reden gekommen. Mein Schwiegervater hatte einen ähnlichen Musikgeschmack wie ich, und wir hatten beide Pink Floyd live gesehen. Ich musste an die Songtexte „Another Brick In The Wall" und „I Wish You Where Here" denken. Schließlich war Bettina noch immer bei ihrer Freundin. Hätte es damals schon Handys gegeben, wäre ich wohl um diese schöne Erfahrung betrogen worden. So aber nicht. Langsam war das Eis gebrochen, und alles hatte sich entspannt …

Auch das Fest wurde entspannter und nahm seinen Lauf. Es war ein gemütlicher Abend. Die Musik lief leise im Hintergrund. Alkohol floss anfangs in Maßen. Es gab Lieder, die nicht fehlen durften, und der trockene Wein wurde zwar mit Wehmut, aber doch getrunken. Wir blätterten durch Fotoalben, schwelgten in Erinnerungen, lachten und tanzten zu späterer Stunde noch zu Musik von Pink Floyd. Ich glaube, nicht nur ich musste bei „I Wish You Where Here" an Brigitte denken.

Mutter kam nicht mehr. Vielleicht kümmerte sich meine Schwester um sie oder sie hatte Angst, noch einmal etwas Falsches zu sagen. Vielleicht wollte sie aber auch nur alleine sein.

Als wir so bei den Erinnerungen waren, erzählte ich auch den Gästen die Geschichte, wie ich Bettinas Familie kennengelernt hatte.

… und während wir so in der Küche saßen und tratschten, kam dann auch Bettina nach Hause. In einem ruhigen Moment mit ihr alleine konnte ich es mir aber nicht verkneifen, sie zu fragen, was das sollte und was sie sich dabei gedacht hatte. Ich glaube sogar, ich habe in der Aufregung gefragt, ob sie irgendwo angerannt ist? Mich mutterseelenallein mit ihren Eltern und dem Bruder zu lassen? Ich war wirklich stinksauer!

Ihre trockene Antwort darauf war nur: „Ich weiß nicht, was du hast? Sind doch eh nette Leute?"

Damit war für sie die Sache erledigt.

Wir tanzten noch, hörten laut Musik und sorgten dafür, dass dann doch kein Wein übrigblieb.

Am nächsten Tag, meinem Geburtstag, war Katerstimmung. Nach und nach krochen die Gäste, die bei uns übernachtet hatten, aus ihren Schlafplätzen. Kinder spielten bereits im Hof. Leute kamen und gratulierten. Verschlafene Kreaturen standen, wie bestellt und nicht abgeholt, mit ihren Kaffeetassen in der Hand da und versuchten, sich am Frühstücksbuffet zu orientieren. Nach und nach setzten sie sich zu uns an einen großen Tisch, den wir im Geschäft zusammengestellt hatten. Als der Großteil der Gäste da war, brachte Bettinas Schwester eine Torte und es wurde „Happy Birthday" angestimmt.

Der frühe Morgen war nicht jedermanns Sache. Entweder waren die Gäste wach, weil sie Kinder im Hof spielen hörten, sie selbst Kinder im Hof hatten, einfach nicht schlafen konnten oder bald die Heimreise antreten mussten. Sie waren hier, und ich fand es einfach nur schön! Die angeschnittene Geburtstagstorte stand noch mitten auf dem Tisch, als etwas später auch Mutter zu uns kam.

Sie sah sich um, gab jedem freundlich die Hand. Vereinzelt sagte sie dazu, dass sie die Maria sei und wir ruhig Nussi zu ihr sagen dürften. Alles lachte. Mich begrüßte sie theatralisch mit den Worten: „Den hab ich auch schon einmal wo gesehen", und setzte ihre Runde fort. Dann verabschiedete sie sich mit den Worten: „Macht es gut, ich gehe wieder in meine vier Wände."

Sie hatte innerhalb kürzester Zeit jedem noch so verschlafenen Gesicht zumindest ein zartes Lächeln ins Gesicht gezaubert. Eine liebe Bekannte von mir meinte noch: „Deine Mutter ist ja voll die Nette!". Doch ich konnte es nicht verstehen. Sie hatte mit keinem einzigen Wort meinen Geburtstag erwähnt, geschweige denn mir dazu gratuliert. Es war nicht so, dass ich mir ein Geschenk erwartete. Ich glaube auch nicht, dass sie sauer auf mich war. Sie hatte ihn einfach vergessen, und das tat weh!

Es fiel mir schwer, die Tränen zu unterdrücken. Nach einer Weile nutzte ich den Moment und brachte Mutter ein Stück von der Geburtstagstorte.

„Was machen denn die vielen Leute unten im Geschäft?", war ihre erste Frage, als ich zu ihr kam. „Ist heute etwas Besonderes?", fragte sie weiter. Ich kannte diese Art von Fragen aus meiner Kindheit. Mutter hatte früher oft gefragt, den tatsächlichen Hintergrund wissend, etwas verdreht, was los sei, um die frohe Botschaft von jemand anderen zu hören, doch dieses Mal klang es anders. Sie hatte keinen Schimmer. Ich stellte ihr das Stück Torte auf den Küchentisch. Ich war verärgert. Den Geburtstag des eigenen Kindes zu vergessen, war doch wirklich das Letzte!

„Das sind Freunde von uns, die waren gestern schon hier, und wir feiern ein wenig." Während meine Mutter eine Kuchengabel suchte und sich an den Tisch setzte, sagte sie in ihrer erfrischenden Art: „Da habt ihr recht!" Auf ihrem Stück konnte man Teile meines Namens erkennen. Eine kleine Scheibe aus Marzipan, auf der man „Alles Gute zum Geburtstag" lesen konnte, hatte ich ihr auch dazu auf den Teller gelegt. „Mmmh!" Meine Mutter liebt Süßes. „Wer hat denn die gemacht? So etwas Gutes!" Ich blieb noch ein wenig bei ihr, und wir sprachen über Belangloses. Solange ich nichts von ihr erwartete, war alles bestens. Was sie sagte, war meist unterhaltsam, zwar oft mit wenig Inhalt, aber immer irgendwie passend. Es war schwer, meine Erwartungshaltung auf ein Minimum zu reduzieren. Dem Gesprächsklima tat es aber gut.

Plötzlich läutete das Telefon. Mutter ging hin. Es war meine Tante. Durch das Telefon hörte ich: „Ist das Geburtstagskind hier?" Sie sah mich verständnislos an und gab mir den Hörer. Meine Tante sang mir ein Ständchen, und – man könnte sagen grundlos – mir liefen Tränen über das Gesicht.

Am Abend desselben Tages, keine Ahnung wie sie darauf gekommen war, kam Mutter zu mir und sagte: „Alles Gute!"

Michael Kohlhofer, Lebenshilfe Hartberg, *Tageswerkstätte Pöllau*

3. Weihnachten

Es war eine lieb gewonnene Tradition, dass Bettina und ich den alljährlichen Christbaumaufputz am 23.12. ein wenig zur Reflexion des letzten Jahres nutzten. Keiner hatte an diesem Tag noch einen Termin oder irgendwelche Verpflichtungen. Es sei denn, an diesem Tag wäre Volleyball gewesen. Das war ein Fixpunkt in der Woche, den meine Frau nie auslassen konnte. Dieses Jahr hatten wir Glück. Wir hatten Zeit für uns, den Baum und die Rahmenbedingungen dafür, über Dinge zu sprechen, die sonst gerne unter den Tisch fielen. Beim Christbaumschmücken aber konnte man sich höchstens hinter dem Baum verstecken. Die Antwort schuldig bleiben oder eine Diskussionsverweigerung war fast unmöglich.

Die Kinder waren schlafen gegangen beziehungsweise hatte sich der Große dazu entschlossen, nicht mitzuhelfen und sich überraschen zu lassen. Auch meine Mutter war versorgt. Also standen Bettina und ich allein im Wintergarten vor diesem Baum. In kleinen Kartons war der Christbaumschmuck verpackt. Die Kerzen waren gerichtet. Die Schokoladenfiguren zum Teil bereits mit Fäden versehen. Draußen regnete es, und aus der Stereoanlage rieselte leise Weihnachtsmusik.

Ich fragte Bettina, wie es in der Arbeit laufe. Sie schien zufrieden zu sein. Sie erzählte vom guten Arbeitsklima und dass im kommenden Jahr eventuell neue Herausforderungen dazukommen könnten. Bettina fragte mich: „Weißt du eigentlich schon, was du nach der Pflegekarenz machst?" Ich sagte ihr, dass ich meine Entscheidung getroffen hätte und als pflegender Angehöriger zu Hause bei Mutter bleiben würde. Aus dem Glauben heraus, mich dafür rechtfertigen zu müssen, ergänzte ich, dass es mir auch um Christoph und Jan gehe und ich dann wohl oder übel den Haushalt übernehmen würde.

Als sie fragte, wie es mit Oma laufe, begann ich, zu erzählen. „Musst du auch oft an Brigitte denken?", fragte ich sie. Ohne sie zu Wort kommen zu lassen, redete ich weiter. „Manches Mal frage ich mich, was sie in meiner Situation jetzt machen würde." Ich erzählte von den letzten Tagen und dass ich das Gefühl hatte, dass es meiner Mutter guttat, wenn ich bei ihr zu Hause war, wir Weihnachtslieder sangen und viel miteinander lachten.

Bettina verstummte. Wir lagen uns in den Armen und schwiegen uns an. Es brauchte kein Wort.

Als ich am nächsten Morgen aufwachte, galt mein erster Gedanke Jan und dem Baum! Hoffentlich war er noch nicht aufgestanden und hatte den halbfertigen Christbaum entdeckt. Ich eilte also in den Wintergarten. Glück gehabt! Noch keiner munter. Ich nahm also den Baum, stellte ihn so schnell und leise ich nur konnte in den Abstellraum. Stopfte alles, was an Schmuck, Kerzen, Lametta, Süßigkeiten und dergleichen noch da war, dazu und sperrte ab. Da kam Jan aus dem Zimmer. Die Augen reibend fragte er mich noch ganz verschlafen: „Was ist denn hier los?" Ich setzte mich auf den Boden. Er setzte sich auf meinen Schoß und bettwarm kuschelte er sich an mich. „Nichts! Was soll denn los sein?", fragte ich. Plötzlich wurden seine Augen groß. Er sprang auf und holte etwas Lametta, welches er gerade entdeckt hatte, unter einem Sessel hervor. „Heute ist Weihnachten! Schau mal, ich habe Engelshaare gefunden! Glaubst du, die sind von Oma? Hilft die Oma jetzt dem Christkind?" Er fiel mir um den Hals. Seine Augen leuchteten, und ich konnte nicht anders, als ihn ebenfalls ganz fest zu drücken.

Etwas später ging ich zu meiner Mutter.

Wie auch in den letzten Tagen richtete ich ihr das Frühstück, während sie noch schlief. Mir war wichtig, dass sie heute gut ausgeschlafen war. Gegen zehn ging ich aber dann doch zu ihr ins Schlafzimmer, weckte sie und begleitete sie zum Frühstückstisch. Alles in der Wohnung wies darauf hin, dass heute Heiliger Abend war.

In der Ecke im Wohnzimmer stand bereits der noch verschnürte Weihnachtsbaum zum Dekorieren bereit. Ein paar Christbaumkugeln, Kerzen und Schokoschirmchen zum Behängen lagen bereit.

Aus dem Dufthäuschen roch es sogar weihnachtlich, was meiner Mutter aber egal war, da sie keinen Geruchssinn hatte.

Auf dem Küchentisch lag die Tageszeitung mit einem Bild vom Jesuskind in der Krippe auf dem Titelblatt. In großen Buchstaben stand in schöner Schrift „Frohe Weihnachten" darüber. Alle vier Kerzen auf dem Adventkranz, der auf dem Küchentisch stand, waren angezündet.

Wie immer setzte sich Mutter zum Frühstück und begann, die Bilder der Tageszeitung durchzusehen. Sie war vor allem auf der Suche nach Berichten über bekannte Menschen oder irgendetwas über Pöllau. Da schon alles aufgeräumt war, setzte ich mich zu ihr. Sie legte die Zeitung zur Seite und begann, zu essen. Obwohl sie heute etwas länger geschlafen hatte, wirkte sie noch müde.

Ich fragte sie, ob sie wisse, welcher Tag heute sei. Sie sah mich an, drehte sich kurz Richtung Abreißkalender und las von der Medikamentenbox „Dienstagmorgen" herunter.

Ich musste kurz schlucken. Noch einmal fragte ich: „Oma – weißt du, welcher Tag heute ist?" Sie drehte sich zu mir. Ihr Blick verriet mir, dass sie keine Ahnung hatte. Sie sagte nur: „So etwas hat mich noch nie interessiert!"

Ich schluckte ein zweites Mal.

Nach einem Moment fing ich aber zu erzählen an.

Ich erzählte ihr von Weihnachten in unserer Familie. Von der Zeit, als ich selbst noch an das Christkind geglaubt hatte, von den Weihnachtsfeiern mit ihren Enkelkindern und sagte, dass heute Heiliger Abend sei.

Wir erinnerten uns, welch hektische Stunden wir oft noch im Geschäft gehabt hatten, wie wichtig ihr stets gewesen war, dass alles perfekt war, und dass Papa einmal eine potenzielle Kundin an diesem Tag gegen 14 Uhr rausgeschmissen hatte, da dieser sonst so besonnene Mensch es nicht ausgehalten hatte, dass wir noch im Geschäft standen und nicht bei ihm waren. Wir lachten.

Die Zeit verging im Flug. Ich könnte im Nachhinein gar nicht mehr sagen, wie lange wir bei diesem Frühstück zusammensaßen.

Während ich das Christbaumkreuz richtete, erinnerte ich mich ans Christbaumaufstellen mit meinem Vater. Und wie oft er dabei geflucht hatte, bis er den Baum gerade hingebracht hatte.
Mutter fragte, ob sie mir behilflich sein könnte.
Als ich sie bat, mir den Christbaumschmuck zu holen und sie in der Küche alle Kästen und Läden durchsucht hatte, bevor sie unerledigter Dinge kommentarlos wieder zurückkam und mir zusah, wie ich mich über das verhunzte Drecks-Christbaumkreuz aufregte, war ich wieder im Hier und Jetzt angekommen.
Die traditionelle Kindermette ließ ich diesmal aus. Schließlich hatten wir noch einen Baum fertigzuschmücken.

Ein Jahr später, beim nächsten Weihnachtsfest, sah die Sache schon ganz anders aus. Ich hatte dazugelernt. Schweren Herzens musste ich akzeptieren, dass sich Mutter aus Symbolen wie Adventskranz, Christbaum, selbst gebastelten Engeln und Kerzen nichts machte. Wie bei den anderen Festen im Jahreskreis war es ihr egal, ob die Wohnung geschmückt war oder nicht. So gestaltete ich ihre Wohnung eher mir und meiner Familie zuliebe etwas weihnachtlich. Den Adventskranz brachte meine Schwester Gudrun, und für den deutlich kleineren Baum kaufte ich einen neuen Ständer.

Nett fand ich, dass Mutter von ihrer Schwester Gerda zum Keksebacken eingeladen wurde. Schließlich war das Backen von Mehlspeisen für meine Mutter früher immer eine ganz wichtige Angelegenheit gewesen. Sie backte leidenschaftlich gerne, vorwiegend Weihnachtskekse, die es über das ganze Jahr fast immer bei uns zu Hause gab.

Den Heiligen Abend verbrachte Mutter mit uns.
Ein paar Tage später kam auch meine Schwester und nahm Mutter bis zum Dreikönigstag zu sich mit nach Hause.

Bei diesem darauffolgenden Weihnachtsfest war es das erste Mal nach eineinhalb Jahren, dass ich über eine Woche lang nicht für die Betreuung meiner Mutter verantwortlich war.

Das Jahr war nicht einfach gewesen. Nach der Klärung ihrer Pflegegeldeinstufung, der Überwindung unzähliger rechtlicher Hürden und dem Abschluss der Umbauarbeiten war es nicht möglich, mit Bettina, Jan und Christoph in Urlaub zu fahren, da es im Familienkreis keine Möglichkeit für eine Woche Ersatzpflege gab. Doch nun hatte ich frei.

„Frei" – irgendwie konnte ich im ersten Moment gar nichts damit anfangen. Ich hatte also über eine Woche keine Verantwortung für irgendjemand anders außer mir selbst.
    Cool! Ich glaube, am meisten freuten sich Bettina und die Kinder.

Wir gingen ins Kino, in die Therme, Skifahren, besuchten Freunde in Oberösterreich und die Familie meiner Frau. Ich schlief morgens so lange ich konnte und ging abends manchmal mit, dann wieder ohne Bettina aus.

Eines Morgens, ich konnte nicht mehr schlafen, lag aber noch im Bett und ließ die letzten Tage mit der Familie und die Monate davor an mir vorüberziehen. Aus dem Nichts flossen Tränen über mein Gesicht. Was war denn jetzt schon wieder los?
    Die letzten Tage waren doch schön gewesen. Oder weinte ich, gerade weil es so schön gewesen war?
    Ein ganz normaler emotionaler Ausbruch! Oder doch nicht? Ich reagierte über und dachte gleich an Burnout.
    Doch ich war weder antriebslos, gereizt oder dauermüde, noch fühlte ich mich gehetzt oder unter Druck. Vielleicht war ich etwas kraftlos und leicht angespannt.
    In meiner weiteren Überreaktion dachte ich, ob das jetzt Anzeichen einer Depression waren. Doch sah ich weder eine soziale Ausgrenzung noch fühlte ich mich ängstlich. Nicht einmal ein traumatisches Erlebnis fiel mir auf die Schnelle ein! Auch sonst sah ich keine Symptome.
    Eventuell war es die seelische Dauerbelastung, verstärkt durch die Enttäuschung über nahe Verwandte, die es nicht geschafft

hatten, mich früher zu entlasten, obwohl ich mehrmals auf meinen Wunsch danach hingewiesen hatte.

Dinge, die mir guttaten, waren so schwer zu bekommen, und dieses Jahr war nicht leicht gewesen. Also doch eine Depression? Stimmen im Kopf?

Nein! Ich liebte das Selbstgespräch. Schließlich war es die verlässlichste Quelle, wenn man einen Experten benötigte. „Ha, Ha, Ha." Vielleicht war ich doch nicht so gut im Selbstreflektieren? „Nein – Doch – Oh."[6]

Ich wischte mir die Tränen aus den Augen und wollte aufstehen. Doch es ging nicht. War der Geist willig? War das Fleisch schwach?

Ich lag noch eine Weile im Bett.

Als ich mich dann doch aufraffte, stellte ich mich im Badezimmer auf die Waage und mich traf fast der Schlag! Im ersten Moment dachte ich, dass ich eine Sehstörung hätte. Doch auch nach dem zweiten Versuch war ein fettes Plus gegenüber meinem Gewicht vor einem Jahr von der Anzeige abzulesen.

Ich hatte ordentlich zugenommen.

Kaum zu glauben, dass die seit einiger Zeit gelebte Trägheit und der Konsum von Bier, Schokolade, Rumkugeln und ab und zu etwas anderem Süßen oder Alkohol ein solch schockierendes Ergebnis brachte.

Vor einem Tag war noch alles bestens gewesen, fühlte ich mich gut, und jetzt war ich so unzufrieden? So gemütsschwankend labil und ein Stück weit nah am Wasser gebaut kannte ich mich nicht. War es Überforderung? Was war aus mir geworden? Was wurde aus dem Werner, den so schnell nichts erschüttern konnte? Der immer eine Antwort parat hatte? Wie konnte ich nur …? Zeigte ich gerade Schwäche?

---

6 Louis de Funès, Hasch mich, ich bin der Mörder, französische Filmkomödie 1971

Als dann am Dreikönigstag Mutter wieder nach Hause kam, wusste ich, dass etwas geschehen musste. Abwarten, bis Depression oder Burnout tatsächlich über mich hereinbrachen und meine Trägheit gewann, das durfte ich nicht zulassen. Dafür hatte ich mich selbst und meine kleine Familie dann doch zu gern, und die aufopfernde Rolle, die ich mir selbst aufgebrummt hatte, passte im Grunde auch gar nicht zu mir.

Ich sah mich wieder mit etwas anderen Augen. Damals war ich der Meinung, dass meine Pflegebeziehung wieder mehr Professionalität und weniger Emotionen brauchte. Auf längere Sicht gesehen war es aber eine Fehleinschätzung.

Kurzfristig betrachtet, half es mir, den oft so quälenden Daudalau für geraume Zeit wieder etwas leichter zu ertragen.

Für Neujahrsvorsätze war es noch nicht zu spät. Ich begann, wieder Yoga zu machen, und spürte etwas achtsamer in meinen Körper. Doch als ich nach einem halben Jahr keine messbaren Erfolge sah, außer dass ich nun mit dem gleichen Gewicht wie zu Weihnachten einfach nur zufriedener war, begann ich regelmäßig, ins Fitnessstudio zu gehen.

Ich fühlte mich dort, unter den ebenfalls trainierenden Bodybildern, zwar anfangs wie ein Reha-Patient, doch durch die im Yoga gelernte Gelassenheit konnte ich gut damit umgehen.

Kilos habe ich kaum verloren, aber ein deutlich besseres Körpergefühl bekommen. Ich mochte mich und war zufrieden.

Meine regelmäßigen Trainingseinheiten waren immer dann, wenn mich Mutter nicht brauchte. Das war meist vormittags nach der Morgenaktivierung, wenn sie schon wieder müde wurde und ich ohne Angst gehen konnte.

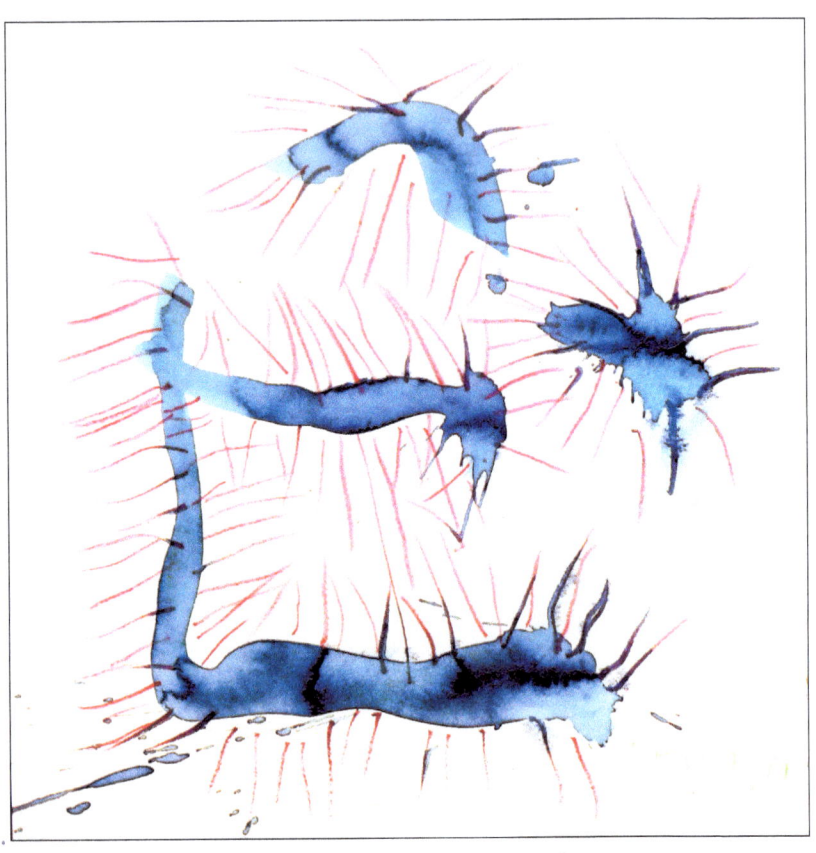

Thomas Maier, Lebenshilfe Hartberg, *Tageswerkstätte Pöllau*

4. Späte Ostern

Typisch für Mutter war, dass sie Feste im Jahreskreis zeitversetzt wahrnahm. Früher, als sie noch Geschäftsfrau war, sah sie diese Feste mehr aus wirtschaftlicher Sicht und der Verpflichtung, alle zu beschenken und niemanden dabei zu vergessen. Der eigentliche Hintergrund der Feierlichkeit war oft sekundär.

Jetzt im Alter kamen ihr oft Termine erst Wochen später in den Sinn. Selbst Geburtstage ihr sehr nahestehender Personen gewannen erst dann für sie Bedeutung, wenn sie schon vorbei waren. Im Anschluss kam die immer wiederkehrende Frage: „Habe ich eh ein Geschenk hergegeben?"

Eines Tages, unmittelbar nach den morgendlichen Aktivierungsmaßnahmen, fragte sie: „Ist Bettina da?" Ich verneinte und sagte, dass sie arbeite und heute erst wieder spät nach Hause komme. Mutter war an diesem Tag körperlich nicht ganz fit und etwas ruhelos. Sie ging oft auf die Toilette, sah zum Fenster hinaus und kramte in ihrer Küche herum. „Im Schloss-Café waren wir auch schon lange nicht mehr!", sagte sie. Ich gab ihr Recht, doch musste ich hinzufügen, dass wir bei diesem Regenwetter heute sicher nirgendwo hingehen würden. Ich machte Küche und Bad sauber und ging in meinen Wohnbereich.

Kurze Zeit später klopfte sie an meine Tür und fragte, ob Bettina hier sei. Ich sagte: „Nein! Sie ist in der Arbeit. Was brauchst du denn von ihr?" – „Ach nichts!" Während sie schon wieder Richtung eigener Wohnungstür unterwegs war, antwortete sie weiter: „Ich wollte nur Frohe Ostern wünschen!"

Ungläubig sah ich ihr nach. Etwas später ging ich hinunter und erzählte, dass Ostern bereits zwei Wochen her sei, Gudrun mit ihrem Mann da gewesen sei und wir alle zusammen in ihrem Wohnzimmer Ostern gefeiert, gemeinsam Weihfleisch gegessen und uns natürlich gegenseitig alle Frohe Ostern gewünscht hätten.

Einige Stunden später traf ich Mutter orientierungslos in unserem Stiegenhaus. Sie wollte auch unseren, im selben Haus wohnenden Nachbarn Frohe Ostern wünschen.

Wenn das Wetter etwas besser gewesen wäre, wären wir sicher nach draußen gegangen. Ich begleitete Mutter wieder in ihren Wohnbereich zurück und ging in meinen.

Etwa eine Stunde später sah ich wieder nach ihr. Doch es war zugesperrt. Etwas verwundert sperrte ich auf und rief meine Mutter. Anfangs dachte ich, dass ich vielleicht selbst versehentlich zugesperrt hatte, doch als nach dem zweiten Mal Rufen ebenfalls keine Antwort kam, ahnte ich Böses. „Oma!?" wieder keine Antwort. In Vorraum, Küche, Wohnzimmer kein Mensch. „Oma!!?" Auch in Badezimmer und Schlafzimmer niemand. Schuhe und Jacke hingen noch im Vorraum. Ich sah alle Räume durch, ob sie vielleicht irgendwo gestürzt war und keine Antwort geben konnte. Aber nichts. Oma war weg!

Um die Sturzgefahr im Stiegenhaus zu minimieren, hatten wir ein Desorientierten-System installiert, das anschlug, wenn sie nach draußen ging. Doch war es nicht immer eingeschaltet, da es oft nervig war, weil es auch dann losging, wenn Mutter nur die paar Stufen zu mir heraufkam.

Ich lief in meinen Wohnbereich, zog mir eine Jacke über und sagte den Jungs, was passiert war. Der erste Weg war zu den Nachbarn im Haus. Ergebnislos. Auch im Hof oder den angrenzenden Geschäften, niemand hatte sie gesehen. Nirgends ein Hinweis, wo sie eventuell sein könnte. Ich ging ins Schloss-Café, weil sie ja schon am Vormittag dorthin wollte. Aber nichts.

Auf der Straße traf ich Gloria, eine Frau aus unserer Nachbarschaft. Frau Gloria, eine sehr umsichtige und kluge, immer perfekt gekleidete und durchgestylte ältere Dame, die trotz ihres hohen Alters noch sehr agil und umtriebig war. Auch sie hatte Mutter nicht gesehen. Sie meinte: „Vielleicht will sie nach Hause – zu ihrem Elternhaus?" Ich schüttelte den Kopf und erwiderte: „Das glaube ich nicht!" – „Mein Mann", fuhr Gloria fort, „hat ein paar Monate vor seinem Tod begonnen, sich überall zu verabschieden!"

Ich glaube, sie wollte mir damit einen nützlichen Hinweis geben. Ich verabschiedete mich jedenfalls von ihr und ging in Richtung des ehemaligen Elternhauses meiner Mutter, zu meiner Tante.

Auf dem Weg zu Gerda überquerte ich den Hauptplatz. Auch dort kein Hinweis. Leichte Verzweiflung machte sich breit. Was, wenn sie irgendwo gestürzt war und sie niemand fand? Was, wenn sie bereits auf der Bundesstraße ging? Jedenfalls sprach mir jeder, den ich traf, Mut zu. Auch im Bierstüberl war sie nicht. „Deine Mutter ist ja ortsbekannt! Die geht nicht verloren! Wahrscheinlich sitzt sie schon bei einem Nachbarn und trinkt Erdbeerspritzer oder wird gerade von jemandem nach Hause begleitet." Herbert vom Bierstüberl hatte wahrscheinlich wirklich Recht. Jeder im Ort kannte meine Mutter. Auch wenn jemand nichts von ihrer Demenzerkrankung wusste, spätestens nach zwei, drei Sätzen müsste jedem, der sie traf, klar sein, dass hier jemand Hilfe benötigte. Ich ging weiter. Plötzlich läutete mein Telefon. Es war Christoph. Er sagte nur: „Oma ist wieder da!" Ich glaube, ich erwiderte ihm nur: „Schau bitte, dass sie auch dort bleibt. Ich komme gleich!"

Anfangs noch mit schnellem Schritt, dann schon wieder etwas gemächlicher ging ich nach Hause.

Dort angekommen, stürmte ich in ihre Wohnung: „Wo warst du?"

Mutter konterte relativ entspannt: „Beim Auer, Frohe Ostern wünschen!" „Bei den Auers?" fragte ich verwundert. „Und warum hast du nichts gesagt?"

Die Auers waren gute Nachbarn von uns, und zufällig wusste ich, dass Carina, die Tochter des Hauses, an diesem Tag Geburtstag hatte.

„Hast gleich den Geburtstag von Carina mitfeiern können", fuhr ich, noch immer verärgert über die Situation, etwas sarkastisch fort. Mutter sah mich wieder einmal komplett ahnungslos und leicht konfus an.

„Es war eh niemand zu Hause! Ich weiß nicht, was du hast?", sagte sie leicht kopfschüttelnd.

„Um das geht es ja gar nicht", fuhr ich fort. „Draußen regnet es, es ist saukalt, und du bist ohne Schuhe und Jacke unterwegs. Was soll das? Schon einmal so weit gedacht, was los ist, wenn du stürzt? Du brauchst ja nur sagen, wenn du unbedingt gehen willst." Ihre knappe Antwort: „Mir war nicht kalt!"

Mein Konter, mit einem Puls von geschätzten 180: „Wir haben uns Sorgen gemacht!!", entlockte ihr ein beiläufiges „Ach so!"

Mit gesenktem Haupt und der Erkenntnis, dass es in dieser Diskussion nichts mehr zu gewinnen gab, ließ ich Mutter in ihrem Wohnbereich allein zurück.

Beim Hinaufgehen aktivierte ich die Alarmanlage, die Bescheid gab, wenn Mutter nach draußen wollte.

Die darauffolgenden Tage waren mühsam! Mutter hatte sich verkühlt. Sie war schwach, hustete stark, und zu allem Überfluss hatte sie sich auch noch einen Harnwegsinfekt eingefangen.

Die morgendlichen Aktivierungsmaßnahmen dauerten um ein Vielfaches länger als gewöhnlich. Es waren zusätzliche Tätigkeiten notwendig. So war täglich das Bett neu zu beziehen und der Aufwand bei der Körperpflege ungleich größer. Auch tagsüber war es immer wieder nötig, sie umzuziehen, da es ihr durch den hartnäckigen Husten fast unmöglich war, Körperflüssigkeiten vollständig zurückzuhalten.

Am ersten Tag gingen die zusätzlichen pflegerischen Maßnahmen noch relativ leicht von der Hand. Am zweiten Tag sagte ich mir, dass es jetzt einfach einmal so sei und schon vorübergehen würde. Am dritten Tag dachte ich, das seien jetzt eben die Schattenseiten der Pflege. Am vierten Tag machte ich einfach meine Arbeit und dachte wenig bis gar nichts.

„Warum ich? Warum passiert mir das alles? Ich hatte einen tollen Job, bin gut ausgebildet und mache hier die Drecksarbeit!", dachte ich.

Ich zweifelte so stark wie schon lange nicht mehr an meiner Entscheidung, als pflegender Angehöriger zu Hause geblieben zu sein.

„Es gibt 24-Stunden-Pflegekräfte. Mutter würde ohne Probleme einen Heimplatz bekommen, den Leiter vom Bezirksaltenheim kenn ich gut, und ich gehe wieder zurück zu meiner vertrauten Arbeit."

Je größer die Erschöpfung, desto verzweifelter war ich und kurz davor, alles hinzuschmeißen. Doch jemanden um Hilfe zu bitten, kam mir nicht in den Sinn. „Es ist ja nicht viel, und das bisschen Arbeit kann doch kein Problem sein", war die Antwort, die ich mir nach den ersten Zeichen von Antriebsmangel gab.

Doch spürte ich am Ende solcher Tage eine tiefe innere Leere und eine nur schwer zu beschreibende Ruhelosigkeit. Dinge, die mir sonst Kraft gaben, wie das gemeinsame Zusammensitzen mit dem Rest der Familie und den Erzählungen der Jungs von den Ereignissen des Tages oder die Gespräche mit Bettina, zehrten an solchen Abenden zusätzlich.

Eine altbewährte Strategie, um mir meine Erschöpfung nicht anmerken zu lassen, war oft ein leicht grantelnder, überspitzter und vor allem überdeckender Humor. Den Fragen, wie es mir gehe, konnte ich geschickt ausweichen. Auch auf genaueres, differenzierteres Nachfragen konnte oder wollte ich in solchen Momenten nicht eingehen. Mit Sprüchen wie „Der Regen schlägt sich wahrscheinlich etwas auf mein Gemüt" oder Ähnlichem flüchtete ich gerne aus Gesprächen wieder in die Oberflächlichkeit, um nicht Rede und Antwort stehen zu müssen. Oder ich wurde sarkastisch, grantig und machte aus Mücken, die mit der Sache überhaupt nichts zu tun hatten, riesige Elefanten.

Wie jeder Regen verging auch dieser.

Ein paar Tage später traf ich zufällig Marina Auer. Ich musste ihr vom Ausflug meiner Mutter erzählen. Marina hatte jedenfalls nichts mitbekommen. Sie waren am besagten Tag zu Hause gewesen und hatten Carinas Geburtstag gefeiert.

Zwei oder drei Wochen später traf ich auch Gloria wieder. Sie erzählte mir, dass sie am Tag unseres letzten Gespräches etwas später doch noch Mutter getroffen hatte. „Sie hat mich gleich erkannt und mir von weitem Frohe Ostern zugerufen! Sie hat erzählt, dass sie im Schloss-Café war und jetzt ihre Schwester besuchen wolle. Ich konnte sie aber überreden, eventuell an einem schöneren Tag zu ihr zu gehen. Ich habe ihr erzählt, dass heute bei Auer der Geburtstag von Carina gefeiert wird. Danach habe ich sie nach Hause begleitet. Ich habe ihr eh gleich gesagt, dass du sie suchst und dir Sorgen machst!"

Nach der Aufklärung der Geschehnisse kam die Belehrung von Frau Gloria.

„Du musst schon aufpassen, dass sie dir nicht davonläuft! Was da alles hätte passieren können. Überleg einmal! Stell dir vor, sie fällt irgendwo hin oder wird überfahren. So wie sie gekleidet war, hätte sie sich eine Lungenentzündung einfangen können. Hast du dir eigentlich schon einmal darüber Gedanken gemacht, eine 24-Stunden-Pflegekraft zu nehmen?" Noch bevor ich danke sagen konnte, fuhr sie fort: „Ach was, du machst das eh super!"

Mir fiel ein Stein vom Herzen, denn ich wusste einmal mehr, dass auf meine Nachbarn Verlass war.

Ich habe vielleicht einmal zum Spaß gesagt, dass ich keine Angst vor Einbrechern hätte, da spätestens, wenn sie das Haus verließen, meine Nachbarn bereits wüssten, wie der Räuber heiße, wo er wohne, wo er zur Schule gegangen sei, von wo seine Eltern kämen und wahrscheinlich wie viel er erbeutet habe.

Aber im Grunde war ich doch froh, in einem Dorf zu wohnen. Wo jeder jeden kennt und niemand so schnell verloren geht.

Bernhard Huber

5. Pubertätsdüsen[7]

Eine Erkenntnis aus der letzten Weihnachtsreflexion und den Vorkommnissen des Alltags war, mehr auf mich zu achten und Dinge zu tun, die mir guttaten. Eigentlich eh ganz einfach. Manches Mal hatte ich aber eher das Gefühl, dass dies alle anderen konnten. Nur ich nicht!

Mutter tat das, was sie wollte, und ich unterstützte sie dabei. Ihr Standardsatz gegenüber anderen „Werner macht alles" – und damit meinte sie, dass ich tatsächlich alles für sie machen würde – konnte schon nerven! Vor allem, weil es nicht so war. Natürlich nahm ich ihr viele Entscheidungen des täglichen Lebens ab und übernahm Tätigkeiten, die sie nicht mehr erledigen konnte. Die Aussage „Er macht alles" stellte mich aber doch oft vor eine innere Zerreißprobe!

Auf der einen Seite war ich ihr Sohn, mit der Verpflichtung, alles für ihr Wohlergehen zu tun. Dazu gehörte es eben auch, ihr Tätigkeiten aus dem Alltag abzunehmen, die Unbehagen auslösten, um ihrem Bedarf nach Sicherheit zu entsprechen. Ebenso wie Klarheit und Verständnis in der Kommunikation zu bieten.

Auf der anderen Seite bin ich Pädagoge, dessen Bestreben die Förderung von Eigeninitiative und die Begleitung ohne Manipulation ist, um Menschen in ihre größtmögliche Selbständigkeit zu führen.

Weit entfernt von einem möglichen Ödipuskomplex[8] war mir die Kraft dieses Satzes, vor allem auf der emotionalen Seite, klar. Ohne professionelle Begleitung, Selbstbewusstsein, Selbstwert und vor allem einem gesunden Egoismus könnte ich mir

---

7 Der Begriff „Pubertätsdüse" ist meine persönliche Umschreibung für Mopeds, die von pubertierenden Jugendlichen gelenkt werden.
8 Der Begriff „Ödipuskomplex" beschreibt eine übertriebene, emotionale Bindung eines Mannes an seine Mutter (Benennung nach S. Freud)

vorstellen, dass viele Pflegende an solchen scheinbaren Kleinigkeiten zerbrechen.

Gott sei Dank hatte ich in meiner Familie Vorbilder, die mir zeigten, wie befreiend so ein gesunder Egoismus sein konnte.
Vor allem mein älterer Sohn Christoph war ein Meister darin, auf sich selbst zu achten. Die Schule ging nebenbei. Er lernte leicht und machte nur das Nötigste. Die meiste Zeit war er, wie es für Pubertierende üblich sein dürfte, mit sich beschäftigt und ging am Wochenende mit Freunden aus.
Mit Sicherheit war ich gelassener, als meine Mutter es mit mir damals war. Ein wahrer Rebell war ich aber auch nie gewesen. Obwohl es Ausnahmen gab.

Unvergessen ist die Geschichte, als ich zwei Tage lang nicht nach Hause kam und so blöd war, gegen Mitternacht des zweiten Tages eine Badehose von zu Hause zu holen. Dabei bemerkte mich Mutter, und der Ausflug wurde ohne Diskussion abrupt beendet. Ich durfte meinen Rausch ausschlafen und in der Früh, nach einer ordentlichen Kopfwäsche, wieder im Geschäft meiner Mutter stehen und arbeiten.

Als Christoph begann, auszugehen, und sich ein Moped wünschte, war ich gedanklich relativ schnell wieder in meiner eigenen Jugend.
Bei den Erlebnissen mit Freunden, wenn wir mit unseren „Maschinen" unterwegs waren und uns weder schlechtes Wetter noch widrige Fahrbedingungen, lange Wege oder unsere Eltern davon abhalten konnten. Es war eine geile Zeit!
Als wir dann noch 2013, im Jahr, in dem Brigitte starb, ein altes Maximoped, welches einmal Bettina und ihren Geschwistern gehört hatte, aus der Holzhütte meiner Schwiegereltern ausgruben, war es komplett um mich geschehen.
Ich war sofort Feuer und Flamme. Legendär! Baujahr 1980, also 19 Jahre älter als Christoph. Ich war begeistert. Wir reparierten es. Ich steckte Geld, Zeit und Schweiß in das Gerät und war am Ende überglücklich.

Doch nach der Restauration des alten Maximopeds und einer Probefahrt über den Rabenwald bei einer Durchschnittsgeschwindigkeit von circa 20 km/h erkannte ich, warum Christoph nie so richtig Begeisterung für dieses Projekt gezeigt hatte. Er wollte einen neuen, aus meiner Sicht „unkomfortablen, seelenlosen Gatschhüpfer", der nur lauter war und vielleicht ein wenig schneller ging.

So fuhr schlussendlich ich mit dem Maxi, bevor ich mir ein halbes Jahr später einen Vespa-Roller zulegte und ein neues Hobby entdeckte.

Wenn Christoph sein Moped im Hof startete, konnte ich oft beobachten, wie Mutter mit bösem Blick auf den Balkon ging und nachsah, was da los war. Vielleicht dachte sie dabei ja auch manchmal an mich. Wenn ich sie fragte, was sie gesehen habe, sagte sie meist: „Da ist irgendwer mit seiner Maschine unten."

In meiner Jugend war Moped fahren untrennbar mit dem Gefühl der Unabhängigkeit verbunden.

Im Nachhinein betrachtet war es vielleicht wirklich die Sorglosigkeit, die sogenannte Freiheit und die vermeintliche Möglichkeit, alles tun zu können, das Schönste an dieser Zeit!

Zweifelsohne wurden auch Selbstbewusstsein und Selbstwert gesteigert.

Für meine Eltern war es sicher nicht einfach. Aber ich hatte ihr Vertrauen und konnte weiter von einer Dummheit in die nächste stolpern.

Die üblichen Fragen an mich damals sowie meine typischen Antworten:

„Hast du dein Zimmer zusammengeräumt?" Das Zimmer war natürlich nicht aufgeräumt und meine Antwort: „Ja, Mama!"

„Warum ist die Musik so laut?" Antwort: „Weil ich sie mag!"

„Wann bist du denn gestern nach Hause gekommen?" Ich wusste es nicht mehr und antwortete: „Ja, Mama."

Ihre erboste Frage: „Was soll das?", erwiderte ich gelangweilt mit: „Was soll was?"

Nahe an einer Ohrfeige schrie sie mich an: „Sei nicht so frech!", und ich antwortete ruhig und entspannt: „Ja, Mama!"

Ihr Blick fiel in mein Zimmer und sie fragte: „Wie sieht es denn hier aus?", und ich antwortete: „Was?"

Wenn meiner Mutter der Kragen platzte, wurde sie wirklich ungemütlich, war laut, grantig und nachtragend. Mir war das alles aber ziemlich egal.

Jetzt, im Pflegealltag, glich die Art der Kommunikation zwischen Mutter und mir auch oft der zwischen einem Elternteil und seinem pubertierenden Kind. Nur mit vertauschten Rollen. Verbunden mit viel Unverständnis, Ärgernis und Angst beiderseits. Misstrauen war, vielleicht auch damit begründet, weil wir uns doch schon sehr lange kannten, nur selten spürbar. Eigentlich ganz unüblich bei Demenz.

Auch Aggression war nie wirklich ein Thema. Wohl aber der Versuch der manipulierenden Psychokeule mit Sätzen wie: „Ich weiß nicht, was ich ohne dich täte!", „Du bleibst eh bei mir!" oder „Kommst eh bald wieder."

Doch wenn ich auf die Vespa stieg, war das wie:

„Ein Gespür dafür zu entwickeln, wenn sich der eigene Blick auf das Leben und die Welt verengt – und wissen, wie ich meine Perspektivenerweiterung jederzeit organisieren kann!"[9]

Ich genoss die kurzen Ausritte und Auszeiten vom Pflegealltag. Allerdings wurde ich zum Schönwetterfahrer. Große Abenteuer waren eher selten.

Ich versuchte, auch Bettina dafür zu begeistern. Doch als sie bei unserer ersten Ausfahrt bereits bei 50 km/h nervös wurde und „Nicht so schnell, nicht so schnell!" schrie, wurde mir – obwohl sie gegen Ende der Fahrt bei höherem Tempo bereits Selfies vom Sozius aus schoss – klar, dass diese Art der Auszeit besser ohne sie ging. Wir machten zwar kleine Ausfahrten, aber wirklich für den Sozius begeistern konnte ich nur Jan. Gemeinsam machten

---

[9] Patrick Schuchter, Lebensklugheit in der Sorge, Landecker Handbüchlein, Studien Verlag 2016

wir, wenn die Betreuung meiner Mutter gewährleistet war, auch mehrtägige Ausflüge, bei denen ich gut abschalten konnte.

Man kann die Sorgen des Alltags schön hinter sich lassen. Das, was vor mir lag, war bestens. Zum Teil ungewiss, zum Teil vertraut. Das Tempo konnte ich vorgeben und solange ich fest im Sattel saß, gab es auch keine Probleme. Ich genoss die Gegend, die Natur und Begegnungen mit Menschen.

Jeder, der das Pöllauer Tal kennt, weiß, dass die Wege steil sein können, es auf und ab gehen kann, aber es auch Straßen gibt, die eben verlaufen. Früher oder später, will man das Tal nicht verlassen, wird man bemerken, dass man sich im Kreis gedreht hat. Ich erkundete Wege, die ich mit dem Auto nie gefahren wäre. Auch wenn einige Strecken mit dem Fahrrad oder zu Fuß machbar gewesen wären. Ich entschied mich für den Roller.

Das Leben ist leider nur beschränkt mit einer Vespafahrt vergleichbar, vielleicht war es für mich auch nur ein – missglückter – Abnabelungsversuch von Mutter und der Pflegebeziehung zu ihr.

Aber es hat verdammt viel Spaß gemacht!

Bernhard Huber

6. Rumkugeln und Globuli

Die neue Leidenschaft, Rollerfahren, tat gut. Sie half allerdings nicht, plötzlich weggebrochene Sozialkontakte zu kompensieren.

Mir war bewusst, dass der Kontakt zu ehemaligen Arbeitskollegen wegen der Distanz, anderen freien Zeiten oder der neuen Lebenssituation nicht mehr den Stellenwert haben konnte wie bisher. Und weil ich zu Beginn meiner Tätigkeit zu Hause weder ein nennenswertes Hobby noch sonstige zeitaufwendige Projekte hatte, bei denen ich in den Austausch mit anderen gehen konnte, geriet ich relativ schnell in eine Art soziale Isolation.

Obwohl ich mitten im Ort lebte, verspürte ich von einem Tag auf den anderen die Gefahr, zu vereinsamen.

Das Problem war aber durchaus hausgemacht, und ich hatte es selbst zu verantworten. Schließlich gab es regelmäßig Einladungen von Nachbarn und Freunden, denen ich aber nur selten nachkam. Ich hatte plötzlich das Gefühl, allein zu sein.

Auch wenn es im Nachhinein vor allem für Menschen, die mich schon lange kennen, komisch klingt, musste ich mich tatsächlich oft aufraffen, um fortzugehen. Ich war immer ein geselliger, aufgeschlossener Mensch gewesen, aber die neue Verpflichtung veränderte mich.

Ob der Weg ins Stammlokal, das nur wenige Schritte entfernt war, oder sonstige Aktivitäten: Jedes Mal, auch wenn meine Mutter schon schlief oder in den kommenden Stunden mit Sicherheit nichts mehr von mir brauchen würde, war zumindest anfangs eine Art schlechtes Gewissen dabei. Der Kopf war ohnehin meistens bei ihr. Als grundsätzlich gut reflektierter Mensch erkannte ich zwar bald die Schwierigkeit der Situation, doch eine nachhaltige Lösung dafür sah ich nicht.

Eine schnelle und durchaus wichtige Lösung war der regelmäßige Weg ins Bierstüberl. Ein neuer Freundeskreis tat sich auf. Obwohl Alkohol nicht der unmittelbare Grund meines Ausgehens war und ich ihn nach wie vor nicht als Lösungsmittel sehe, floss er doch. Schließlich hatte ich es nicht weit nach Hause.

„Haben wir Zucker?" – Mitten im Schreiben unterbrach mich meine Mutter. Mit den Gedanken noch immer ganz woanders sah ich sie fragend an.
„Wir haben keinen Zucker mehr!", fuhr sie fort. Ich brauchte ein wenig, um vom Laptop zurück in die Realität zu kommen. „Sicher", erwiderte ich, „ich hole dir welchen von unserer Küche oben."

Seit ihrer Demenzerkrankung und der damit verbundenen Wesensveränderung hatten wir viele Lebensmittel in ihrer Küche auf ein Minimum reduziert. Meine Mutter hatte leider die Angewohnheit, oft in der Nacht, sich alles Essbare, was sie fand, auf einmal hineinzustopfen. Grund dafür waren sicher auch die Medikamente. Die daraus resultierenden Verdauungsprobleme waren weder für sie angenehm noch für mich wirkliche Motivation, noch mehr Versuchungen bei ihr herumstehen zu lassen. Hin und wieder legte ich ihr in der Nacht Kekse oder andere kleine Naschereien in die Küche, die dann in der Früh natürlich weg waren.

Ich brachte ihr eine Dose mit einer kleinen Menge Zucker darin. Mutter nahm sich einen Löffel und setzte sich zu mir an den Küchentisch.
„Was machst du da?", fragte sie.
Ich erzählte ihr, dass ich gerade dabei war Geschichten und Gedanken, die mich bewegten, aufzuschreiben. „Brauchst du das für die Schule?" Ich musste schmunzeln. Während sie mich ansah und genüsslich Kristallzucker löffelte, hatte ich nach Langem wieder das Gefühl, dass sie tatsächlich Interesse daran zeigte, was rund um sie geschah. Natürlich fühlte ich mich ein wenig geschmeichelt. „Nein – ich schreibe einfach nur so, für mich!"
Darüber, dass ihr Vater, mein Opa, auch gerne geschrieben hatte, verlor sie kein Wort. Kurz wollte ich sie zu ihrem aktuellen Essverhalten ansprechen, habe es dann aber doch nicht getan.

Als ich sie beim Zuckerlöffeln so ansah, musste ich an die Rumkugeln, die meine Mutter früher so geliebt und oft heimlich genascht hatte, denken. Schon vor meiner Lehrzeit musste ich des Öfteren welche vom Geschäft nebenan besorgen. Papa sollte nichts davon mitbekommen, und wenn man nicht gleich schnell ging, konnte sie ziemlich grantig werden.

Auch ich liebe Schokolade und genieß es, wenn ein wenig Alkohol dabei ist. Womit ich mit meinen Gedanken wieder im Bierstüberl war.

Anfangs antwortete ich auf die Frage, was ich aktuell beruflich mache, mit „Pädagoge", erzählte von meiner Zeit bei der Lebenshilfe oder meiner Tätigkeit in der Psychiatrie und wich der eigentlichen Frage geschickt aus, obwohl ich schon längst als pflegender Angehöriger zu Hause tätig war. Es dauerte, bis ich es ohne Scham sagen konnte. Aber langsam gelang es.

In meinem Stammlokal traf ich immer wieder Menschen, die ich bis dato nur flüchtig kannte. Sie kamen aus den unterschiedlichsten gesellschaftlichen Schichten. Jeder hatte seine Geschichte. Ich war in Gespräche und Situationen involviert, die tiefsinnig waren und Spaß machten.

Es war eine gute, durch ausgiebiges Scherzen, auch sehr gelöste Stimmung. Auf österreichisch: „Es rannte der Schmäh", und ich wurde als Mensch und nicht anhand meiner Aufgabe, Qualifikation oder Stellung wahrgenommen. Ich durfte Nussi[10] sein.

Gott sei Dank sorgten Claudia und Herbert, die Besitzer des Lokals, dafür, dass öfters Bands spielten und es Abwechslung gab.

Ich mochte es, mit Robert und Siegfried, zwei Stammgästen des Lokals, zu diskutierten, zu politisieren und zu blödeln. Es half, etwas gelassener mit schwierigen Alltagssituationen umzugehen. Wir unterhielten uns über Gott und die Welt.

---

10 Der Begriff „Nussi" ist ein Spitzname aus der Kindheit, den ich mit unbekümmerten Zeiten verbinde.

Vor allem Robert, ein glühender Feuerwehrmann unserer Gemeinde, hatte die Gabe, nach etwas übermäßigem Rumkugelkonsum so unglaublich viel Emotion in seine Sprache zu legen und mitreißende Geschichten zu erzählen, ohne auch nur ein einziges verständliches Wort über die Lippen zu bringen. Von ihm stammt auch die Überschrift zu Kapitel 2.1.: „Was soll denn schon sein?" Oft kam dieser Satz, kurz bevor ihm tatsächlich etwas passierte, aus einer beneidenswerten Unbekümmertheit heraus, die einfach nur beeindruckend war. Ich genoss es, Zeit für die Philosophen des Alltags zu haben.

Als ich einmal mit Friedrich Torbergs Buch „Tante Jolesch", welches ich mir von Siegfried ausborgen durfte, unter dem Arm nach Hause kam, ätzte Christoph: „Jetzt bist du also endgültig in einer literarischen Runde gelandet. Dem Pöllauer Kreis sozusagen." Mich ließ die Stichelei kalt, ich verdrückte ein Sackerl Rumkugeln, und alles war gut.

„Schokolade stellt keine blöden Fragen. Schokolade versteht!"

Einige Zeit später, Christoph brauchte mich an diesem Abend als Begleitperson zu einer nahegelegenen Diskothek, da er noch zu jung war, um alleine hinzugehen, ging ich, nach getaner Arbeit bei meiner Mutter, ins Bierstüberl.

Bettina hatte Probe mit der Musikkapelle und bereits am Nachmittag klargemacht, dass sie an diesem Abend sicher nirgends mehr hinfahren würde. Sie hatte Kopfschmerzen und fiel somit auch für mich als Begleitperson aus.

Da ich noch mit dem Auto fahren musste, waren Rumkugeln natürlich tabu.

„Ah! Heute noch Fahrtendienst für den Junior?" Herbert vom Bierstüberl verstand mich sofort, nachdem ich einen Kaffee bestellt hatte.

Er hatte schon des Öfteren erlebt, dass ich im Lokal auf einen Anruf wartete, um Christoph zu später Stunde nach Hause zu holen.

Siegfried und Robert waren noch nicht hier. „Eh besser so", dachte ich. Sie machten sich nichts aus Diskotheken und wenn ich die beiden als Begleitung mitgenommen hätte, wäre das wohl mein Untergang gewesen. Ich wischte über mein Handy, um nachzusehen, was sonst noch so los war und ob vielleicht irgendjemand Lust hatte, mich in der Disko zu treffen. Nichts. Ich sah mich schon allein, abwechselnd Cola, Mineralwasser und Kaffee trinkend, gelangweilt an der Diskothekenbar.

Kurze Zeit später kamen Monika und ihre Freundin Sonja ins Bierstüberl. Monika und mich verband eine jahrelange, ganz besondere Freundschaft. Wir kannten uns schon ewig, „Ah! Heute noch Fahrtendienst für den Junior?", war ihre vielleicht auch etwas zynisch gestellte Frage, noch bevor wir uns überhaupt richtig begrüßt hatten und sie sich zu mir an die Bar setzten. „Ja, Christoph braucht mich als Aufsichtsperson, da er sonst nicht in die Disko darf!" Die beiden schmunzelten und lachten mit vorgehaltener Hand. „Du? Aufsichtsperson? Alles klar!"

Wir unterhielten uns. Monika, die ebenfalls im Sozialbereich tätig war, kannte meine Familiensituation. Ein Wort gab das andere, und irgendwie entstand die Idee, dass auch die beiden in die Diskothek fahren könnten. Christoph kam ins Bierstüberl und wir fuhren mit zwei Autos.

In der Disko unterschrieb ich, dass ich die Begleitperson von Christoph war. Kaum waren die Formalitäten erledigt, war Christoph bei seinen Freunden und ich wäre ohne Monika und Sonja allein herumgesessen. Wir unterhielten uns unbeschwert weiter, und ich blieb alkoholfrei.

Doch nach dem dritten Mineralwasser kam die Erkenntnis, dass wir ja eventuell mit dem Taxi nach Hause fahren könnten, und nach den ersten paar Bier, dass ich auch nach mehreren Bargetränken ja immer noch der Vater meines Sohnes war.

Sonjas Freund kam auch nach, und so ergab ein Getränk das andere. Die Musik gefiel immer besser, ich begann zu tanzen und traf weitere Bekannte, mit denen man ja auch noch was trinken sollte, und ging auf die Tanzfläche.

Christoph hatte früher öfters gesagt, dass er meine Art zu tanzen überhaupt nicht mochte. In der Vergangenheit verzichtete ich aus diesem Grund dann oft darauf, wenn Christoph oder Freunde von ihm in der Nähe waren, obwohl ich große Lust dazu gehabt hätte. Dass ich einer der Ältesten im Lokal war und Christoph mich sehen konnte, war mir diesmal aber total egal.

Es wurde ein berauschender Abend. Die bunten Scheinwerfer blendeten, die Musik betäubte meine Ohren, ich tanzte, alles drehte sich, und irgendeine Hand reichte mir ein Bargetränk. Die Stimmung war großartig, und ich glaube sogar, bei irgendeiner Partyschnulze mit erhobenen Händen laut mitgegrölt zu haben. Als ich auf einem Barhocker zu sitzen kam, sollte ich so schnell nicht wieder aufstehen können.

Langsam wurden die Leute weniger im Lokal. Auch Monika und Sonja waren nicht mehr da. Ich ging nach draußen.

Der Tag war schon am Anbrechen. Christoph stand mit einer Gruppe Jugendlicher vor der Tür. Mit schleppendem Gang, Händen in den Hosentaschen und müdem Blick kam er langsam zu mir und fragte etwas verwundert: „Du bist noch hier? Wartest du auch auf ein Taxi?" Ich schüttelte den Kopf und sagte, dass ich zu Fuß nach Hause gehen würde. Unter normalen Umständen geht man den Weg in circa einer halben Stunde, und ich wollte ihm nicht gleich auf die Nase binden, dass ich keine fünf Euro mehr in der Tasche hatte. Christoph sah zu seinen Freunden und sagte etwas zögerlich: „Ich komme mit!"

„Gut", dachte ich. Schließlich war ich die Begleitperson und hatte meine Aufsichtspflichten. Ich glaube, auch er hatte kein Geld mehr fürs Taxi. Nachdem wir uns während des ersten Drittels des Weges mehr oder weniger angeschwiegen hatten, fragte ich ihn, ob er mich tanzen gesehen habe.

Er atmete laut durch und seufzte: „Nein!" „Gott sei Dank", dachte ich. „Aber die anderen haben mir erzählt, dass du ziemlich abgegangen wärst auf der Tanzfläche", fuhr Christoph fort.

Ich dachte: „Auweh!", und hörte zu. „Du hast einen coolen Tanzstyle, haben sie gemeint", sprach er weiter. Meine Antwort „Oh, haben sie das?" hätte ich mir wahrscheinlich sparen können.

Auf dem Weg nach Hause unterhielten wir uns weiter über Musik. Auf die Frage, ob er mich singen gehört hat, verzichtete ich.

Es war ein entspannter Morgenspaziergang, den ich insgeheim sehr genoss. Wir sprachen auch über sein Vorhaben, Psychologie zu studieren, was ich wohl akzeptieren musste.

Zu Hause angekommen, ging Christoph schlafen. Ich ruhte noch ein wenig vor dem Fernseher. Schlafen gehen zahlte sich nicht mehr aus, schließlich musste ich bald zu Mutter hinunter.

Mein Drang, fortzugehen, abzutanzen, Rumkugeln zu konsumieren, Roller zu fahren, und aus Zwängen auszubrechen, war enorm.

Trotz meiner Erfahrungen als Pädagoge oder Erkenntnissen aus der Psychiatrie fühlte ich mich oft wie ein pubertierender Junge, der am liebsten auf alles rund herum gepfiffen hätte.

„Liebe dich selbst, dann können die anderen dich gernhaben."[11]

---

[11] Dr. med. Eckart von Hirschhausen, Glück kommt selten allein, Rowohlt Verlag 2011

Karl Bauernhofer, Lebenshilfe Hartberg, *Integrationszentrum Neudau*

7. Guten Morgen, die Frühaufsteher

Es gab aber auch Tage, an denen man energiegeladen nach einer entspannten Nacht oder noch voll Rumkugeln mit leichtem Brummen im Kopf aufstand und wusste, dass einem heute nichts erschüttern konnte und man nach dem Wecken durch die Sonne und einer kurzen Yogaübung gut starten konnte. Klingt jetzt vielleicht ein wenig kitschig, de facto war es aber sehr oft auch so.

Zugegeben, nach Nächten wie der zuvor beschriebenen, ging es mir nicht so prächtig, und der Morgen, sowie der gesamte Tag danach liefen eher an mir vorbei und waren zäh. Schließlich blieb die Arbeit des „morgendlichen Daudalaus" auch an diesen Tagen die gleiche.

Ich bin ein Morgenmensch, und damit meine ich nicht, dass ich Dinge gerne auf morgen verschiebe. Ich liebe es, vor allen anderen wach zu sein, zu erleben, wie langsam alles munter und das Haus mit Leben erfüllt wird. Im Gegensatz dazu ist Bettina überhaupt kein Morgenmensch. Wenn man morgens in ihre verschlafenen Augen sah, mochte man meinen, dass „nicht geschimpft schon gelobt genug ist". Irgendwann sagte sie, dass ich aufhören solle, sie ständig in der Früh zu fragen, wie es ihr gehe und wie sie geschlafen habe.

Frei nach dem Motto „Es gibt nichts Schöneres, als eine grantige Frau zu ärgern!" würden mir an dieser Stelle hunderte Geschichten, die den Schelm in mir weckten, in diesem Zusammenhang einfallen. Sie würden aber den Rahmen dieses Buches sprengen beziehungsweise ein Kapitel für sich in Anspruch nehmen und die Beziehung zu einer Frau, mit der ich noch ein Leben lang zusammenbleiben möchte, unnötig belasten. Kurz gesagt: In der Früh bin ich munter, geerdet, und mich kann nichts so leicht erschüttern. Ich fühlte mich ausgeschlafen, Bettina nicht.

Zwei Mal in der Woche, dienstags und donnerstags, besuchte meine Mutter ein Tageszentrum für Senioren in Pöllau, die „Menda"[12]. Sie wurde dort von acht bis sechzehn Uhr von professionellen Altenpflegern betreut.

Ob sie gerne hinging, kann ich nicht sagen. Wenn sie zu Hause geblieben wäre, so dachte ich oft, wäre es ihr auch recht gewesen. Wenn ich sie fragte, ob sie hingehen möge, antwortete sie stets: „Wie du meinst – Was du sagst!" Fakt war aber, dass sie sich dort dann doch wohlfühlte und es vor allem für mich eine Riesenentlastung war.

Am besagten Tag – ich steckte voller Energie – ging ich also zu meiner Mutter, um mit ihr die Morgentoilette zu machen und sie fürs Tageszentrum herzurichten. Ich ging in ihr Schlafzimmer, begrüßte sie wie üblich: „Guten Morgen, Oma! Gut geschlafen?" – Keine Antwort. Ich entleerte den Kübel ihres Leibstuhls. Als ich wieder ins Schlafzimmer zurückkam, begrüßte ich sie ein zweites Mal: „Guten Morgen, Oma! Gut geschlafen?" Sie regte sich unter der Decke. „Welcher Tag ist heute?", fragte sie. Ich antwortete: „Dienstag!" Mit meiner Unterstützung setzte sie sich auf die Bettkante. „Dienstag?", wiederholte sie. „Ja, du gehst heute wieder zur Menda!", fuhr ich fort. Von mir gestützt, begleitete ich sie ins Badezimmer. „Menda?", fragte sie. – „Ja – dort warst du eh schon öfter!" Ich zählte ein paar Namen von Leuten auf, die dort sein würden.

Es war mühselig. Sie ging schwer, und auch im Badezimmer benötigte sie an diesem Tag wieder einmal viel mehr Unterstützung als sonst. Nach jedem noch so kleinen Handgriff fragte sie: „Und jetzt? Was soll ich?" Nach jeder Anweisung ließ sie den Kopf nach vorne fallen, schloss die Augen, zeigte mir, wie müde sie noch war und ließ mich machen. Zwischen den unterstützenden Tätigkeiten kam immer wieder ein tiefes, erschöpftes

---

12 Der Begriff „Menda" steht für „Menschen daheim" und stammt vom Seniorenhaus in Hartberg.

Durchatmen. Mit der Zahnbürste in der Hand stand sie da, ohne eine Idee, wie es weitergehen könnte. Manches Mal schaffte sie es wirklich, ihre Hilfsbedürftigkeit noch extra zu zelebrieren. Hätte ich nicht die nötige Zeit und Geduld dafür aufgebracht, wäre ich wahrscheinlich früher oder später in der psychiatrischen Abteilung gelandet. „Zähne putzen", sagte ich und verließ das Badezimmer, in Sorge, dass sie umfallen könnte, um im Schlafzimmer das Bett neu zu beziehen.

Ich sah mich im Schlafzimmerspiegel und dachte nur kurz über mich: „Du hast zwar heute schon Yoga gemacht, aber aussehen tust du nicht besonders frisch."

Zurück im Badezimmer, saß Mutter auf dem Sessel. Sie ließ den Kopf wieder hängen, atmete laut, schwer und hielt ihre Augen geschlossen. Ich kam mit dem Oximeter, dem Blutdruckmessgerät, und einem Glas Wasser. Der Sauerstoffgehalt im Blut war bestens. Ihr Blutdruck war vielleicht etwas niedrig. Mein Blutdruck, den ich ebenfalls gleich gemessen hatte, da ich die guten Werte meiner Mutter fast nicht glauben konnte, war hingegen ziemlich hoch. „Hast du die Zähne geputzt?", fragte ich Mutter. Aus ihrem Mund kam ein gequält wirkendes, leidendes, leises „Ja!". Also nahm ich die unberührte Zahnbürste vom Waschbeckenrand, stützte vorsichtig Mutters Kopf und putzte kommentarlos.

Nachdem wir im Badezimmer fertig waren, ging ich mit ihr in die Küche zum Frühstücken. Der Tisch war gedeckt wie immer. Es gab ein Brot mit Wurst. Eine Tasse Früchtetee. Die Tageszeitung lag links von ihr, und in einem roten Eierbecher waren ihre Medikamente. „Menda ist heute?", fragte sie. Nachdem ich mit „Ja" geantwortet hatte, ließ sie wieder ihren Kopf fallen und saß erschöpft am Küchentisch.

Bereits zwei Mal hatte ich sie nach so einem Morgen zu Hause gelassen, aber beide Male die Erfahrung gemacht, dass sie innerhalb kürzester Zeit wieder fit war und mit mir etwas unternehmen wollte. Dieses Mal ließ ich mich nicht beirren. Ich schaltete das Radio ein und setzte mich mit meinem Tablet und einem

Kaffee neben sie. Ich gab ihr die Medikamente, forderte sie auf, zu trinken, erinnerte sie mehrmals daran, etwas zu essen und ermutigte sie, sich die Zeitung durchzusehen. Nach dem Frühstück legte sie sich auf ihre Bettbank im Wohnzimmer. Zeit hatten wir. Mittlerweile waren es die Altenfachbetreuer im Tagesbetreuungszentrum gewohnt, dass wir als Letzte kamen.

Ich nutzte die Zeit, um Bad und Küche wieder sauberzumachen und ihre Tasche zu packen. Ich ging kurz in meinen Wohnbereich, wechselte mein verschwitztes T-Shirt und machte mich selbst, noch einmal, für den Tag frisch. Eigentlich war ich heute schon so fertig, dass ich mich am liebsten wieder hingelegt hätte.

Das Unterstützen meiner Mutter beim Anziehen der Schuhe und der Jacke sowie der Weg hinunter durch das Stiegenhaus waren ebenfalls mühsam. Leichter ging es dann schon über den Hof zum Auto. Einsteigen ging fast von allein, und die Nachbarn, die wir sahen, grüßte sie freundlich und laut von weitem.

Als wir im Tageszentrum ankamen, begrüßte sie die Seniorenrunde, die bereits am Tisch versammelt war, mit einem lauten und herzlichen:

„Guten Morgen, die Frühaufsteher!"

Beim ersten Mal dachte ich noch, ich hör und seh nicht richtig! Meine Mutter war fit wie ein Turnschuh, als ob es nie Probleme gegeben hätte. Nachdem ich dieses Morgenritual, speziell an Tagen, an denen wir einen Arztbesuch hatten oder eben zur Menda gingen, kannte, konnte ich es mit Humor nehmen. Ich berichtete nur äußerst ungern und sehr selten, aus Angst für verrückt erklärt zu werden, wie es mir eine Stunde davor noch mit ihr gegangen war.

Die Betreuer in der Tageseinrichtung waren immer sehr nett und gingen liebevoll mit ihr um. Anfangs war ich etwas skeptisch, denn ich hatte bei einem Praktikum, während meiner Ausbildung, bei einer ähnlichen Einrichtung ganz andere Erfahrungen gemacht. Dort wurden noch durch die Bank betagte Personen sehr laut angesprochen, und Mutter war wirklich alles andere als schwerhörig. Eine Pflegerin hatte bei diesem Praktikum beispielsweise noch jeden Anwesenden mit Handschlag, extra großen Augen, den Mund weit aufgerissen, besonders betont und langsam sprechend, mit Namen begrüßt. Doch Gott sei Dank nicht hier. Sie wurde manches Mal mit den Worten „Meine Verehrung, Frau Nussgraber, ich begrüße Sie! Schön, dass Sie hier sind" begrüßt. Aber immer sehr einfühlsam.

Ich wusste Mutter in guten Händen. Manches Mal frage sie mich leise: „Von wo kennen denn die meinen Namen?", aber sie freute sich über die persönliche Ansprache jedes Mal sehr.

Wenn neue Pflegekräfte, Praktikanten, Zivildiener oder Tagesgäste nach ihrem Namen fragten, erwiderte sie gern: „Kannst Nussi zu mir sagen!"

Generell konnte sie hier ihre Schlagfertigkeit gut anbringen, und ich hatte das Gefühl, dass es ihr guttat, mit Gleichaltrigen beisammen sein zu können. Aus neurologischer Sicht fand ich es aber höchst spannend, dass sie trotz ihrer nachgewiesenen Demenz Personen, die neu in der Runde oder noch nicht oft dort gewesen waren, erkannte, ansprach und gegebenenfalls nach dem Namen fragte.

Obwohl ihr letzter Satz, bevor ich ging, stets lautete: „Du holst mich eh wieder ab." Wobei es ihr, meiner Meinung nach, vor allem um Sicherheit ging, die verwirrte Personen noch viel mehr brauchen als gut orientierte, nicht verwirrte Menschen.

Wenn ich sie dann wieder abholte, wirkte sie meist entspannt und ausgeglichen. Beim Verabschieden vermittelte sie den Eindruck, besonders fit zu sein und stimmte gerne auch noch ein Lied an. Sobald wir dann durch die Tür Richtung Heimat unterwegs waren, wurde sie aber mit jedem Schritt wieder schwerfälliger. Wenn es Zeit und Wetter zuließen, holte ich sie zu Fuß ab. Doch spätestens zu Hause zeigte sich meist, wie anstrengend ihr Tag wirklich für sie gewesen war. Sie war müde, manches Mal noch verwirrter als sonst und ging viel früher schlafen als an anderen Tagen.

Einmal fand ich sie zu Hause mitten in der Nacht im finstern Vorraum. Sie hatte sich über ihren Pyjama eine Jacke gezogen und versuchte verzweifelt, im unbeleuchteten Raum ihre Schuhe anzuziehen. Auf meine Frage, was sie hier mache, erzählte sie mir, dass sie sich gerade für die Menda herrichten würde. Ich begleitete sie zurück in ihr Schlafzimmer und sagte, dass es noch zu früh sei. Mutter blieb liegen, aber ich hatte eine unruhige Nacht. Ich hatte den Bewegungsmelder, der Alarm schlug, wenn sie außer Haus ging, zwar eingeschaltet, hielt aber trotzdem regelmäßig Nachschau, ob sie noch da war.

Ein anderes Mal kam sie mir mitten in der Nacht im dunklen Wohnzimmer völlig orientierungslos entgegen. Erst konnte sie nicht sagen was sie hier machte. Dann meinte sie, nur sehen zu wollen, wo Hans, ihr verstorbener Mann, bleibe.
    Berührend fand ich es auch, als sie mich eines Morgens fragte, wo ihre Mama sei.

Bruno Windhaber, Lebenshilfe Hartberg, *Tageswerkstätte Pöllau*

8. Die ganze Woche

Die Zeit verflog, Mutter und ich fanden immer besser zueinander.

Die Arbeit ging leicht von der Hand, und nach und nach entstand auch Routine bei den Tätigkeiten, die anfangs ungewohnt und nicht so angenehm gewesen waren.

Mit der Selbstsicherheit kam auch mehr Selbstvertrauen, und ich konnte mit Freunden immer offener über die Pflegesituation, Probleme, die lustigen Geschichten und Erfahrungen sprechen. Ich schaffte es schließlich auch, mich Fremden gegenüber zu öffnen und zu sagen, dass ich pflegender Angehöriger war. Ich nannte es im Gespräch zwar oft auch nur „eine Art Auszeit". Einfach so zu sagen, dass ich meine Arbeit aufgegeben hatte, damit ich zu Hause sein konnte, um meine Mutter zu pflegen, schaffte ich selten. Aus unerklärlichen Gründen war es auch ein wenig mit Scham belastet. Vielleicht war damit auch die Angst verbunden, selbst einmal im Alter dement zu werden. Vielleicht passte es aber auch nur ganz einfach nicht in die Vorstellung vieler, dass ein Mann so etwas machte.

Da kam es mir sehr gelegen, dass mich eine liebe Freundin ansprach, ob ich nicht einem österreichischen Wochenmagazin ein Interview zum Thema geben mochte.

Nach kurzer Bedenkzeit sagte ich zu. Schließlich wollte ich über meine Situation berichten. So hatte ich mir im Vorfeld viele Gedanken dazu gemacht und zusammengeschrieben, was ich unbedingt anbringen wollte.

Es war mir wichtig, im Gespräch mit dem Reporter unterzubringen,
- dass ich kein Partnerersatz für meine Mutter war,
- dass der Versuch einer professionellen, liebe- und verständnisvollen Begleitung logischerweise mit vielen Emotionen verbunden war,

- dass an Demenz erkrankte Personen eine Sicherheit gebende Umgebung, eine einfach nachvollziehbare, Struktur benötigten,
- dass es um Altern in Würde ging,
- wie wichtig es war, sich als pflegender Angehöriger abzugrenzen, was nicht immer leicht ist.

Bevor uns ein Fotograf besuchte, gab ich einem Journalisten am Telefon ein Interview, bei dem ich alle Punkte unterbringen konnte. Um auf Nummer sicherzugehen, dass er mich richtig verstanden hatte, schrieb ich im Anschluss an unser Gespräch sogar eine Mail mit diesen Punkten an ihn.

Mutter erzählte ich, was auf uns zukommen würde. Ich kaufte die aktuelle Ausgabe des Magazins, damit sie sich ein Bild von der Zeitschrift machen konnte. Ich sagte ihr auch, dass sie sich nicht verstellen brauche und so wie immer sein solle. Allerdings vergaß ich komplett, verdrängte oder besser gesagt vernachlässigte ich es sträflich, mir selbst ein objektives Bild von dem Magazin zu machen. Zu besessen war ich von der Idee, die Arbeit von pflegenden Angehörigen ins rechte Licht zu rücken und unsere Geschichte zu erzählen.

Als der Fotograf an der Tür läutete, traute ich meinen Augen nicht. Mutter sprang förmlich von der Küchenbank auf, was sie sonst nie machte. Sie begrüßte den Herrn mit den Worten: „Sie sind sicher der Fotograf. Mein Sohn hat schon erzählt. Kommens herein, ich bin die Maria. Kannst Nussi zu mir sagen." Erst dann kam der Mann zu Wort.

Der fremde Herr war sehr freundlich. Wir setzten uns an den Küchentisch und redeten. Er fragte mich ein paar Sachen zu unserer Lebenssituation und Allgemeines zum Thema Demenz. Meine Mutter warf nur ab und zu Sätze, die komplett aus dem Zusammenhang gerissen waren, ein und freute sich vor allem über den Keksteller, der vor ihr stand. Ich machte auch den Fotografen auf die Punkte aufmerksam, die mir wichtig waren. Er notierte und fragte auch immer wieder interessiert nach.

Erst als meine Mutter, innerhalb kürzester Zeit, den Teller mit Keksen alleine leer gegessen hatte, versuchte sie wieder, aktiver am Gespräch teilzunehmen.

„Ich hatte ein Geschäft! Mein Gatte war Schneidermeister", warf sie ein. Auf die Frage des Fotografen, wie lange es dieses Geschäft schon nicht mehr gebe, antwortete Mutter nach kurzem Überlegen: „16 Lehrmädchen hat mein Gatte ausgebildet!" Aufgrund meiner Erzählungen erwiderte der Fotograf: „Aber die Chefin waren immer Sie!" Darauf meine Mutter: „Ach so? – Es muss für alles Leute geben!" Sie lachte! Es bereitete ihr Freude, im Mittelpunkt zu stehen.

Ich erinnerte mich an die Pflegegeldeinstufung meiner Mutter zurück. Auch dort kam sie dem begutachtenden Arzt entgegen und schilderte wortgewandt, was sie nicht alles machen konnte. Auf seine Frage, ob sie wisse, wie alt sie sei, erwiderte sie damals: „Ja sicher! Glaubst du, ich bin ein Volltrottel?" Sie rechnete für den Arzt im Zahlenraum bis Hundert so problemlos und schnell, dass selbst ich staunte. Wenn der Begutachter gefragt hätte, ob sie Kniebeugen machen konnte, hätte sie diese sicher auch gezeigt und vielleicht noch „Ich mache täglich Sport", was nicht stimmte, ergänzt.

Der Fotograf setzte uns in Pose. Einmal am Küchentisch, wo ich Mutter beim Essen half. Im Bad, wo ich ihr mit einem Waschlappen über das Gesicht fuhr, oder auf dem Sofa, wo ich mich mit ihr vor ein aufgeschlagenes Fotobuch setzte. Beim späteren Spaziergang gab er ebenfalls vor, wie wir uns hinstellen sollten.

Es wurde ein zweiseitiger Bildbericht. Als ich am Erscheinungstag die Zeitung in der Trafik holte und zu lesen begann, traf mich aber dann fast der Schlag.

Unter der Rubrik Schicksal war damals folgender Text zu lesen:
Werner Nussgraber pflegt seine demenzkranke Mutter Maria. „Meine Mama muss nicht ins Heim" Maria Nussgraber aus Pöllau (Stmk.) ist eine von mehr als 115.000 Menschen in unserem Land, die an Demenz

erkrankt sind. Langsam, aber sicher verblassen ihre Erinnerungen an das, was ihr früher wichtig war. Die Pflege, die solche Personen benötigen, wird meist von Profis in Heimen erbracht. Der 76-Jährigen ist dieses Schicksal erspart geblieben, weil sie zu Hause gepflegt wird. Sohn Werner kümmert sich liebevoll um seine kranke Mutter.

„Komme gleich Mama", ruft Werner Nussgraber zu seiner Mutter nach oben, während er in dem netten Einfamilienhaus in Pöllau bei Hartberg (Stmk.) für seine Mutter Maria im Erdgeschoß das Frühstück zubereitet ... Sein Ruf wird an diesem wie an jedem weiteren Tag noch oft durchs Haus hallen, denn die 76 Jahre alte Frau wird ihren Sohn noch häufig brauchen ...

Körperlich geht es der Seniorin gut, trotzdem benötigt sie die Hilfe ihres Sohnes. Vor allem damit er ihr wichtige Fragen beantwortet. „Weißt du, wann der Dr. Schneeweiß seine Praxis aufsperrt?", fragt sie ihn, als er mit dem Tablett, auf dem sich Kaffee, frische Semmeln und Marmelade befinden, ihr Zimmer betritt. „Aber der ist ja schon lange in Pension, Mama", sagt er mit einem geduldigen Lächeln ... Er hat diese Frage schon zahlreiche Male gehört, denn Maria Nussgraber ist eine von mehr als 115.000 Menschen in unserem Land, die an demenziellen Erkrankungen leiden ... Langsam, aber unaufhaltsam erlischt ihre Erinnerung – an Erlebnisse, an Freunde, an Familienmitglieder, an alles. Demenz ist aber auch eine Erkrankung, die die Angehörigen betrifft ... „Ich kann meine Mutter nicht mehr alleine lassen", sagt Nussgraber nachdenklich ... „Einmal ist ein Bekannter zu Besuch gekommen, dem Mama eine Flasche Bier aus dem Keller holen wollte. Als sie nach zehn Minuten noch nicht da war, bin ich sie suchen gegangen", berichtet der 41-Jährige. „Ich sah sie ziellos in unserem Hof herumirren. Als ich Mama fragte, was sie denn hier draußen tun wolle, konnte sie mir keine Antwort geben." ... Aber es ist nicht nur ihre Vergesslichkeit und Desorientierung. Mit der Demenz begann sich auch das Wesen zu verändern. „Vor ihrer Pensionierung war Mama immer der ‚Chef' im Haus. Sie hatte ein Kindermodengeschäft, kümmerte sich um die finanziellen Angelegenheiten der Familie und hat auch immer alles organisiert. Ob es darum ging, eine Mehlspeise für unseren Eisschützenverein zu backen oder ein Geburtstagsfest zu veranstalten. Die Demenz macht sie zunehmend passiver. Mittlerweile lautet ihr Lieblingssatz: ‚Werner, du machst das schon.'"

Als ihr die Krankheit vor etwa eineinhalb Jahren diagnostiziert wurde, musste sich Nussgraber die Frage stellen, wie es weitergehen sollte. „Ich setzte mich mit meiner Frau Bettina zusammen und wir besprachen die Situation. Ein Heim kam nicht in Frage und eine 24-Stunden-Pflege war kaum finanzierbar. Nur dafür zu arbeiten, um eine fremde Frau zu bezahlen, von der ich nicht wissen konnte, wie sie meine Mutter betreut, war auch keine Option."

So entschied sich der Familienvater, ein sogenannter „Pflegender Angehöriger" zu werden. „Ich konnte zuerst in Pflegekarenz gehen, in der ich etwa zwei Drittel meines Gehalts erhielt. Das war aber auf sechs Monate begrenzt. Mittlerweile bekomme ich als Pflegender Angehöriger natürlich kein Geld, aber ich bin über das Sozialamt pensions- und krankenversichert."

Seine Tätigkeit als Pfleger nimmt Nussgraber naturgemäß äußerst ernst. „Wenn ich nicht wäre, würde sie wahrscheinlich den ganzen Tag im Bett bleiben." So beginnt der Tag mit Körperpflege. Sorgfältig wäscht der Sohn seine Mutter, kämmt sie und hilft ihr beim Umziehen. „Es ist kein Nachteil, dass ich diplomierter Behindertenpsychologe bin", sagt er mit einem Lächeln, als er seiner Mutter im Badezimmer hilft.

Nach dem Frühstück, bei dem ihr der Sohn regelmäßig die Zeitung vorliest, stehen oft ausgedehnte Spaziergänge auf dem Programm. Ein beliebtes Ziel ist eine kleine Kapelle, etwa eineinhalb Kilometer außerhalb von Pöllau, die Maria Nussgrabers Vater erbauen ließ. „Vor allem zu den Marienandachten ist Mama gerne hier", sagt der Sohn leise, als die Mutter eine Kerze entzündet und ein Lied aus dem Gotteslob anstimmt.

„Mama ist viel ruhiger, seit ich zu Hause bin. Früher ist sie mitten in der Nacht aufgestanden, weil sie zur Kirche gehen wollte, um nachzusehen, ob jemand gestorben ist", sagt der Sohn, als sie wieder zu Hause auf dem Sofa sitzen und sich Bilder aus der Vergangenheit ansehen. „Sie erkennt alle Personen. Papa, der vor acht Jahren gestorben ist, wie auch ihre Schwester und Freunde von früher kann sie problemlos benennen." Nach dem Mittagessen begleitet Nussgraber seine Mutter in ihr Zimmer, in dem sie ein Mittagsschläfchen hält. „Diese zwei Stunden genieße ich. Es ist die einzige Zeit zwischen Aufstehen und Schlafengehen, die ich für mich habe", lässt er sich in den Sessel fallen. „Obwohl es anstrengend ist, habe ich meine Entscheidung keine Sekunde bereut. Ich sehe, wie gut

es ihr tut und wie dankbar Mama ist. So kann ich etwas von der Liebe zurückgeben, die ich von ihr bekommen habe."
Die ganze Woche Nr. 15/15

Ich schluckte! Die gestellten Fotos waren geschickt platziert.
Aber ich muss gestehen, dass ich den Text nicht auf einmal durchlesen konnte. So wütend war ich über manche Textpassage.
Diese rührselige Herzschmerzgeschichte eines barmherzigen Samariters aus der Schicksalsrubrik war so derartig gefühlsduselig und für die Tränendrüsen geschrieben, dass ich meine Gedanken zu diesem Text selbst heute nicht klar in Worte fassen kann.
Es dauerte, bis ich mich wieder etwas gefangen hatte und überlegte, zur Trafik zu gehen und alle Exemplare dieser Auflage zu kaufen, um zumindest dem näheren Umfeld meiner Heimatgemeinde diese Geschichte zu ersparen. Das habe ich natürlich nicht getan! Es war aber für kurze Zeit eine ernst gemeinte Option.
Anfangs war ich verärgert und etwas enttäuscht über den Artikel. Nach und nach habe ich aber verstanden, dass es den Herausgebern dieser Zeitschrift in erster Linie um eine schicksalhafte Geschichte ging und weniger um ein kritisches Hinterfragen der aktuellen Situation oder des Themas.
Ich möchte auch nicht undankbar sein. Schließlich hatte ich die Möglichkeit, meine Geschichte zu erzählen, und es tat gut. Es wurde eine Geschichte, die aber nur ansatzweise die unsere war.
Sie hatten aus dem, was ich gesagt hatte, das gemacht, was ihre Leser lesen wollten, und bei genauerer Betrachtung entsprach der Großteil der Wahrheit.
Meine Mutter, anfangs verwundert, freute sich über den Artikel und die Fotos sehr. Schlussendlich war das etwas, was zählte.

In der unmittelbaren Nachbarschaft machte ich gleich einmal klar, dass wir nicht ganz so arm wie beschrieben waren, und es bot sich für mich wieder die Gelegenheit, offener darüber zu sprechen, wie es uns tatsächlich ging.

Spannend fand ich auch Reaktionen von Menschen, mit denen ich sonst nicht so viel Kontakt hatte und die mich, beziehungsweise meine Mutter und mich, auf den Artikel ansprachen.

Als ich einmal in unserer Postfiliale in der Warteschlange stand, stupste mich eine ältere Frau von hinten an, mit den Worten: „Ich sage nur Die ganze Woche!" Sie grinste und dürfte sich gefreut haben, mich zu erkennen.

Die Resonanz war ausnahmslos positiv. Manche erzählten gleich von ihren eigenen Schicksalsschlägen und den Schwierigkeiten in der Pflege, wie es ihnen mit ausländischem Pflegepersonal ging und welche Erfahrungen sie mit Heimen gemacht hatten.

Karin Steinhöfler, Lebenshilfe Hartberg, *Tageswerkstätte Pöllau*

9. Spaziergänge

Die Nachricht von der Demenzerkrankung meiner Mutter machte schnell die Runde. Genauso wie Gerüchte über meine berufliche Situation und den Gesundheitszustand meiner Mutter. Der Zeitungsartikel im Wochenmagazin leistete sicher auch seinen Beitrag dazu.

Nicht nur deshalb war es mir wichtig, so oft wie möglich nach draußen und unter Leute zu gehen. Wie wichtig der regelmäßige Spaziergang Mutter war, kann ich nicht beurteilen. Mir war er wichtig!

Die Begegnungen dabei waren oft spannend, und ich genoss es, ins Dorfleben einzutauchen und Menschen näher kennenlernen zu dürfen. Einmal sprach Mutter beispielsweise auf dem Hauptplatz einfach Leute an und begann zu plaudern. Als ich sie dann ein paar Meter weiter fragte, wer die Personen gewesen waren, mit denen sie gerade gesprochen hatte, antwortete sie trocken: „Keine Ahnung!"

Bei einem unserer Spaziergänge wurden wir einmal förmlich von Frau Eigner mit den Worten „Mein Gott, Mitzerl! Siehst eh gut aus. Mir haben sie gesagt, du bist im Heim und a ganz a Haschal" überfallen. Mutter war über die spontane, kräftige Umarmung dieser Frau extrem überrascht. Ich mehr über den Inhalt ihrer Worte. Die Frau kannte ich nur flüchtig.

Doch ihre mitleidig schauenden Augen, die Lippen fest zusammengepresst, das Gesicht in leichter Schräglage langsam nickend, während eines energischen Händedrucks, werden mir in ewiger Erinnerung bleiben. „Gell, Sie sind der Sohn! Großartig, was Sie machen!", fuhr sie fort. Die obligatorische Antwort meiner Mutter „Werner macht alles!" machte eine sinnvolle Unterhaltung so gut wie unmöglich. Als wir weitergingen, fragte mich Mutter: „Wer war das?" Nachdem ich ihr leise zu antworten versuchte, erwiderte sie in normaler Gesprächslautstärke: „Die ist aber auch komisch."

Wenn die Zinnglocke läutete, musste sie umgehend wissen, wer verstorben war. Bei einem unserer Spaziergänge, nachdem die Totenglocke geläutet hatte, kamen wir bei der Anschlagetafel des Bestatters vorbei. Vor dem gerade ausgehängten Partezettel[13] standen bereits einige Leute. Mutter, bei meinem Arm eingehängt, reckte sich und zog mich mehr oder weniger an den Leuten vorbei zum Schaukasten. Nachdem sie das Bild länger angesehen hatte, sagte sie, so dass es alle rund um uns hören konnten: „Der wäre auch nicht mehr gewachsen!"

Nach einem kurzen Moment der Stille und Scham meinerseits schmunzelten oder lachten die Leute. Es handelte sich, Gott sei Dank, tatsächlich um einen bereits sehr alten Mann, und Angehörige dürften gerade nicht da gewesen sein.

Wenn aber jemand gestorben war, an den sie sich erinnerte und den sie gut kannte, war sie sehr wohl betroffen, und ein meiner Meinung nach aus vergangenen Tagen ritualisiertes Prozedere begann. Wir mussten die Angehörigen anrufen, unser Beileid ausdrücken, ein Trauerbillet schreiben, beten und zum Begräbnis gehen. Ich muss gestehen, dass Mutter dann aber fast nie zum Beten oder beim Begräbnis mitging, da ich sie, wenn sie es nicht selbst vergessen hatte, davon abhielt. Ihr Kreislauf war oft schwach, und ich selbst wollte, oft aus Angst, nicht mit ihr hingehen, um zu vermeiden, dass sie plötzlich im Mittelpunkt stand und es peinlich wurde.

Einmal wollte sie mitten in der Nacht allein zur Kirche gehen, um nachzusehen, wer verstorben war. Ich bemerkte sie rechtzeitig und konnte es ihr sagen, damit sie beruhigt weiterschlafen konnte.

Oft war ihre neue Art der Unbekümmertheit, die sie manchmal an den Tag legte, befremdend für mich. Im Nachhinein betrachtet aber durchaus amüsant.

---

13 Der Begriff „Partezettel" kommt aus dem Österreichischen und bezeichnet eine schriftliche Todesnachricht, auch Sterbebrief genannt.

So konnte es passieren, dass sie zu mir über eine vor uns gehende Frau laut sagte: „Die ist aber dick!" Eine offene, schamlose Direktheit, die ich langsam an ihr lieben lernte.

Oder sie sagte über Freunde, die stark tätowiert waren: „Hast du das gesehen, die sind auch überall angemalt" Sie sagte es aber auch nicht immer direkt, sondern gerne auch nur mir mit vorgehaltener Hand, aber dann so laut, dass es jeder hören konnte. Solche Äußerungen wären früher aus ihrem Mund undenkbar gewesen.

Oder sie begann, sich in fremde Gespräche einzumischen. Als wir einmal an einer Gruppe Menschen vorbeigingen, sagte ein Mann in normaler Lautstärke zu seinem Gesprächspartner: „… Die haben auch schon drei Kinder …" Wie aus der Pistole geschossen sagte Mutter, ohne auch nur eine Person dieser Gruppe zu kennen, ganz laut: „Nein, vier!"

Leichter gingen solche Kommentare vor dem Fernseher. Wie beispielsweise: „Na! Die Merkel möchte ich auch nicht sein!" oder bei Talkshows: „Ich bin so froh, dass niemand von meiner Familie da dabei ist."

Unsere Spaziergänge waren voller Rituale. Vor dem Hinausgehen die passende Kleidung zu finden und die Haare zu richten, war meine Aufgabe. An ihr war es, zu sagen, wo wir hingingen. Nachdem sie, mehr oder weniger, bestimmt hatte, wohin wir gehen sollten, begann das tägliche Spiel.

Beim Gehen durch das Stiegenhaus fragte sie jedes Mal, wiederholend: „Vorne oder hinten?", und sie meinte damit, ob wir durch ihr ehemaliges Geschäftslokal oder durch den Hof nach draußen gehen sollten.

Auch meine Antwort war immer die gleiche: „Wo du gerne möchtest." Worauf Mutter immer „Wie du meinst!" antwortete.

Meist nahmen wir den Weg über den Hof, da wir hier immer Nachbarn trafen und etwas gemütlicher starten konnten. Mutter hängte sich bei mir ein, und wir marschierten.

Oft trafen wir Peter, dessen Bürofenster in den Hof zeigte. Wenn ich ihn sah oder er uns entdeckte, war es jedes Mal das Gleiche. Ich sagte: „Schau Oma, der Peter!", und zeigte Richtung

Fenster. Sie sah in die Richtung, doch erkannte niemanden. Er winkte. Wenn ihn Mutter dann noch immer nicht entdeckte, stand er auf und klopfte an die Innenseite der Scheibe. Bis ihn Mutter sah: „Ah, schau, da Peter!"

Wir haben generell eine sehr gute Beziehung zu Peter und seiner Familie. Einige Male kam es sogar vor, dass Mutter einfach so auf die Terrasse unserer Nachbarn ging und dort einen Kaffee mittrank. Sie sagte mir aber nie Bescheid. Ich hatte sogar das Gefühl, das sie oft nur darauf wartete, bis ich aus ihrem Wohnbereich war, um dann abhauen zu können. In der einen Minute redeten wir noch miteinander, in der nächsten war sie weg und saß dort. Die Begegnungen mit unseren Nachbarn waren wertschätzend und sehr freundschaftlich.

Da wir täglich ungefähr zur gleichen Zeit nach draußen gingen, trafen wir oft dieselben Menschen, und es zeigte sich, dass auch andere Familien mit Schicksalen umzugehen gelernt hatten oder eine Pflegebeziehung eingegangen waren.

So trafen wir regelmäßig Familie Farnberger. Frau Farnberger pflegte ihren Mann, der nach einem Schlaganfall Unterstützung brauchte. Die beiden waren ebenfalls ehemalige Geschäftsleute, und wenn es sich ergab, wechselten wir ein paar Worte.

Frau Mistelberger, die auf Unterstützung ihres Mannes angewiesen war, trafen wir regelmäßig im Park, sowie Frau Wiesler, die im Rollstuhl saß und mit ihrer 24-Stunden-Pflegerin unterwegs war.

Wir begegneten Gottfried, der sich nach einem Motorradunfall langsam wieder an ein uneingeschränktes Leben heranarbeitete beziehungsweise lernte, mit der neuen Situation umzugehen. Oder Fred, einen Frühpensionisten.

Am meisten freute sich Mutter aber, wenn wir Kinder sahen oder sie spielende Kinder beobachten konnte. Doch leider ging mit der Zeit auch das Interesse daran verloren.

Für mich wurden es vertraute Gesichter, und wenn man jemanden längere Zeit nicht gesehen hatte, stellte man sich gleich die Frage, wie es den anderen wohl gerade ging. Doch in einem Dorf wie dem unseren erfuhr man schnell, was los war. Der Großteil der Pöllauer kannte meine Mutter noch aus ihrer Zeit als Geschäftsfrau. Durch ihr sonniges Gemüt und ihrer verbalen Schlagfertigkeit wurde uns auch nicht so schnell langweilig, und es ergaben sich immer wieder spannende, oberflächliche, manches Mal auch etwas tiefsinnigere und lustige Gespräche.

Wenn wir dann aber wieder einmal Gruppen der Lebenshilfe im Ort sahen, sehnte ich mich doch oft in meinen alten Job zurück.

Des Weiteren konnte ich bald fix vorhersagen, was Mutter wann sagen würde.

Jedes Mal, wenn wir bei einem geschlossenen Geschäft, einer ehemaligen Arztpraxis oder einem leerstehenden Lokal vorbeigingen, dieselben Fragen: „Da ist auch nichts mehr?" oder „Gibt es den Dr. Schlemmer noch?" Jedes Mal. Wir machten meist bei den gleichen Bänken eine Rast. Natürlich variierte ich bei unseren Spaziergängen. An manchen Tagen gingen wir die gleiche Strecke zweimal oder machten eine etwas größere Runde. Dann wieder eher kurze. Je nach Mutters körperlicher Verfassung. Wichtig war es, draußen zu sein und in Bewegung zu bleiben und ihr ein Stück weit Sicherheit zu geben.

Ich erkannte schon während des Marschierens, lange bevor Mutter den Mund öffnete, wann sie jemanden ansprechen wollte. Ihr Atem änderte sich, sie begann, sich leise zu räuspern und veränderte die Gangart.

Doch auf die Antwort meiner Frage, ob sie noch gehen könne oder ob sie schon müde sei und wir eventuell eine Rast machen sollten, konnte ich mich nicht verlassen. Sie sagte fast immer: „Ja ja, das geht schon!" oder „Aber sicher!", und zwei drei Schritte später konnte sie zusammensacken und aus war es mit der Schlagfertigkeit.

Ich musste mich auf mein Gefühl verlassen können.

Einmal geschah es just gegen Ende des Spazierganges, direkt vor dem Eingangstor zu unserem Hof. Dort hat ein Schmied seine

Werkstätte und zu den Öffnungszeiten waren immer Leute da, nur ausgerechnet an diesem Vormittag nicht, an dem Mutter zusammenbrach und ich es irgendwie gerade noch schaffte, dass sie auf meinem Oberschenkel zu Sitzen kam. Während ich mich mitten auf der Straße hinhocken musste, weil mich die Kraft verlassen hatte, war niemand da. Kein Mensch weit und breit.

Rufen half nichts. Irgendwie, Mutter wurde immer schwerer und drohte, auf den Asphalt zu rutschen, schaffte ich es dann doch, an mein Handy in der Hosentasche zu kommen, um den Schmied anzurufen. Der selbst über 80-jährige Seniorchef kam heraus und organisierte sofort Fritz, den Gesellen der Schmiede, der mir half, Mutter auf eine Bank zu setzen. Nachdem wir einige Zeit gewartet hatten und Mutter ein Glas Wasser getrunken hatte, ging es wieder. Als sie der Seniorchef der Schmiede fragte, wie es ihr gehe und ob sie wieder fit sei, kam ein schwer zu verstehendes „Was weiß ein Fremder" aus ihrem Mund.

Aber für die Zukunft war klar, dass ich noch besser selbst abschätzen musste, wie weit wir gehen konnten oder wann wir eine Rast machen mussten. Sie konnte es nicht beziehungsweise sie wollte sich wahrscheinlich keine Blöße geben und zugeben, wenn sie zu schwach zum Weitergehen war.

Zu Hause angekommen, war sie auch nach kürzeren Ausflügen oft erledigt, matt, ausgepowert und musste sich auf ihre Bettbank im Wohnzimmer legen.

Andreas Felberbauer, Lebenshilfe Hartberg, *Tageswerkstätte Pöllau*

10. Besuche und Begegnungen

Im Kaffeehaus

Regelmäßig besuchten wir auch das Schloss-Café, das Bierstüberl oder den Kirchenwirt. Dort sprach sie, wenn es ihr passend vorkam, auch gerne Gäste an: „Gell, schön haben wir es hier."

Ich war gerne mit ihr da. Die Umgebung war vertraut, man kannte meine Mutter und ihr Handicap, und sie traf Menschen, die sie kannte. Außerdem gab es leckere Torten.

Mit Doris hatte ich mittlerweile Frieden geschlossen. Sie hatte es ja im Grunde gut mit ihrem Anruf gemeint, und schlussendlich war es auch richtig gewesen, mich über die Vorkommnisse damals im Schloss-Café zu informieren. Es war der Startschuss zu diesem Abendteuer in dem ich mich gerade befand. Ein Abenteuer, welches ich jeden Tag ein wenig mehr zu schätzen lernte.

Ein unvergessliches Erlebnis war, als uns einmal die Kellnerin ansprach: „Dort am Nebentisch hat ein Mann nachgefragt, ob ich die Frau Nussgraber kenne." Doris hatte noch gar nicht fertig gesprochen, da kamen der Mann und seine Frau schon zu uns an den Tisch. Der Mann gab meiner Mutter die Hand und fragte: „Nussgraber?", Mutter sah mich an und erwiderte: „Jo, jo – kennen wir uns?" Er gab sich zu erkennen: „Kleinschuster, mein Name ist Rudolf Kleinschuster!" Darauf Oma gleich: „Da Rudi! Na sowas, das ist aber eine Überraschung!" Der Mann erzählte, dass er mit einer Reisegruppe aus Graz hier und ein ehemaliger Arbeitskollege meines Vaters sei. Das letzte Mal sei er vor über 50 Jahren in Pöllau gewesen, und er habe uns damals auch besucht. Er erzählte von dieser Zeit. Mutter hörte zu und ergänzte des Öfteren: „Na sowas, da Rudi!" Als er merkte, dass die Kommunikation etwas schwierig wurde, wandte er sich zu mir: „Ich habe gelesen, dass sie die Mutter pflegen? Ganz großartig!" Ich ging darauf nicht ein, atmete nur kurz einmal tief durch und fragte weiter nach Geschichten von früher. Es waren schöne Erinnerungen, in denen auch Mutter vorkam. Sie selbst redete kaum mit. Sie hörte zu oder gab irgendwelche unpassende Kommentare ab. Als wir an diesem Tag nach Hause kamen, war ich unheimlich froh, diesen Herrn und seine Frau kennengelernt zu haben und dankbar für die Geschichten. Es machte mich aber auch traurig und etwas wütend, dass Mutter damit so gar nichts hatte anfangen können und sie, wie so oft, keine Verbindung in die Vergangenheit zusammengebracht hatte, über die ich mit ihr gerne öfter gesprochen hätte.

Ich fand es schade, dass Mutter generell kaum etwas über meinen Vater erzählte. Nach mehreren Schlaganfällen hatte sie ihn selbst über mehrere Jahre zu Hause bis zu seinem Tod gepflegt. Auch sonst war die Beziehung sicher nicht immer einfach. Aber jede, auch noch so einfache Frage zur gemeinsamen Vergangenheit blockte sie rigoros ab und versuchte nicht einmal, darüber nachzudenken. Beim Durchblättern von Fotoalben erkannte sie ihn und nannte seinen Vornamen. Das war es dann aber auch schon.

Wieweit es sich dabei wirklich nur um ein neurologisches Problem handelt, traue ich mich nicht zu hinterfragen.

Beim Friseur und im Nagelstudio

Regelmäßige Friseurbesuche sowie Termine bei der Fußpflege waren ebenfalls wichtig.

Auch hier kannte man Mutter gut und nahm auf die veränderten Lebensumstände Rücksicht.

Wenn ihr zum Beispiel eine Dauerwelle gemacht wurde, blieb sie meist alleine beim Friseur, und ich konnte die Zeit anderweitig nutzen. Wenn ich sie abholen kam, saß sie oft noch bei einem Kaffee, irgendeine Zeitschrift in der Hand und manches Mal noch unter der Trockenhaube. Sie unterhielt sich mit Kunden und dem Personal. Wenn man die genaueren Umstände nicht kannte, konnte man glauben, dass sie auch kognitiv topfit war, denn sie schaffte es immer wieder, mit Standardsätzen, Verlegenheitslachern oder Ausflüchten von ihrer Demenz abzulenken.

Im Nagelstudio bot sich ein ganz ähnliches Bild. Auf dem Weg hin beteuerte sie, noch nie dort gewesen zu sein und beendete oft die Diskussion beleidigt mit den Worten: „Wenn du das sagst!" Kaum im Geschäft, war Mutter wieder im Inszenierungsmodus, begrüßte alle freundlich, ließ sich behandeln und gab sich keine Blöße.

Doch für das nächste Mal konnte ich davon ausgehen, dass wir wieder dieselbe Ausgangsdiskussion haben würden.

Maiandachten und Gesang

Meine Mutter wurde sehr christlich erzogen, und der regelmäßige Kirchenbesuch war ihr sehr wichtig. Im Alter ging es ihr dabei oft gar nicht mehr um den Besuch einer Messe, sondern einfach darum, wieder einmal dort gewesen zu sein.

Die Basilika in Pöllau bauten wir regelmäßig in unsere Spaziergänge ein. Wir fuhren nach Sankt Anna, einer kleinen gotischen Kirche ganz in der Nähe von Pöllau, nach Maria Fieberbründl oder zur Wallfahrtskirche am Pöllauberg. Gerne setzte sie sich dort dann auf die Kirchenbank und begann, laut Marienlieder zu singen. Das erste Mal war ich noch etwas geschockt, im Laufe der Zeit wurde es aber fast ein lieb gewonnenes Ritual. Genauso wie die Behauptung: „In Sankt Anna war ich auch noch nie!"

Jedes Jahr gab es im Mai Andachten in einer Kapelle, die mein Großvater 1966 erbaut hatte, der sogenannten Halperkapelle. Die Geschichte dazu ist recht spannend. Im Ursprungsblatt schrieb er, dass ihm als Kind die Gottesmutter Maria erschienen sei. Man kann davon halten, was man will. Fakt aber ist, dass er als Kind schwer krank war, wieder gesund wurde und im Alter von 62 Jahren die Kapelle aus Dankbarkeit erbaute.

Seit dem Tod des Großvaters wird die Kapelle von Tante Gerda und meinem Onkel betreut. Seit ich mich erinnern kann, waren die Kapellenbesuche an Sonntagen, an denen Andacht gefeiert wurde, Pflicht, und Ausreden mussten wirklich gut sein.

An den Sonntagen im Mai fuhr ich also regelmäßig mit Mutter hin. Auch wenn es für sie kreislaufmäßig oft recht schwer war, musste es sein. Doch dort blühte sie auf. Sie betete und sang vor allem bei den Marienliedern stimmgewaltig mit. Man merkte, dass sie die Lieder großteils auswendig kannte und singen für sie sehr wichtig war. Als junge Frau war sie Mitglied des Gesangsvereins Pöllau gewesen. Wenn sie auch manches Mal im Sitzen fast einschlief, sobald es einen Einsatz in einem Lied oder Gebet gab, war sie da. Sicher konnte sie nicht mehr so ausdauernd mithalten wie früher, aber sie war da.

Sie begrüßte auch jeden Kapellenbesucher mit Handschlag und, wenn möglich, mit Namen, was, aus meiner Sicht, eine unvorstellbar tolle Leistung war. Ein einziges Mal, es war der letzte Sonntag im Mai, konnten wir nicht gehen, da sie selbst sehr matt war. Die darauffolgenden Tage fragte sie mich jedes Mal aufs Neue, oft in Abständen unter einer halben Stunde, ob heute Maiandacht sei. Ich antwortete stets: „Nein, die letzte Andacht war am Sonntag, und wir sind nicht hingegangen, weil du dich nicht fit gefühlt hast!", worauf sie immer wieder sagte: „Wir waren gar nicht? Na sowas!"

Besuche von alten Bekannten und ehemaligen Angestellten

Es gab einige aus dem Bekannten- und Verwandtenkreis, die Mutter regelmäßig zu Hause besuchten, Ausflüge mit ihr machten oder mit ihr beispielsweise ins Schloss-Café gingen.

Sie genoss die Abwechslung und ich die Zeit der Austauschmöglichkeit oder manches Mal auch einfach nur die freie Stunde.

Spannend empfand ich einmal den Besuch eines ehemaligen Lehrmädchens meiner Mutter. Wir sahen gemeinsam Fotoalben an und lachten auch gemeinsam. Doch hatte ich plötzlich das Gefühl, dass Mutter, ihr gegenüber, wieder in die Rolle der Chefin fiel. Sie war an diesem Nachmittag dem Besuch gegenüber sehr ruppig und oft rechthaberisch und viel energischer in ihrem Ton als sonst. Darüber, warum sie sich so verhielt, kann ich nur mutmaßen, verstanden habe ich es nicht.

Bei Besuchen meiner Tante spürte ich oft ähnliche Spannungen. Mutter vermittelte unterschwellig sehr oft, dass sie die große Schwester war.

Wir unternahmen auch längere Reisen, um beispielsweise ihre Urenkel zu sehen. Sie kam mit und gab immer ganz klar zu verstehen, dass sie gerne unterwegs war. Was aber genau in ihrem Kopf vor sich ging, konnte ich nicht einmal vermuten, denn sie wollte immer wieder bald nach Hause und sprach im Nachhinein kaum über die unternommenen Ausflüge.

Streitgespräche waren die absolute Ausnahme. Mir sowie Besuchern gegenüber war sie meist nett und unkompliziert. Aus ihrem Mund kamen oft die schon bekannten Sätze: „Wie du meinst – Was du sagst – Werner macht alles."

Man konnte auch davon ausgehen, dass bei jedem Besuch die Keksteller von ihr leergeräumt wurden.

Als Gastgeberin war sie immer großzügig, daran hat sich auch durch ihre Demenzerkrankung nichts geändert.

Generell war sie aber nach Kontakten und Aktivitäten mit vielen Menschen fix und fertig und ging weit früher ins Bett als sonst.

Wenn Interaktionen vielleicht manches Mal auch etwas schwierig waren, die Kommunikation mit anderen tat gut und machte ihr Spaß.

Fazit

„Der Kontakt mit Demenz (…) kann und sollte (!) uns aus unseren üblichen Mustern der übertriebenen Geschäftigkeit, des Hyperkognitivismus und der Geschwätzigkeit herausführen in eine Seinsweise, in der Emotion und Gefühl viel mehr Raum gegeben wird. Demente Menschen, für die das Leben der Emotionen oft intensiv und ohne die üblichen Hemmungen verläuft, haben den Rest der Menschheit unter Umständen etwas Wichtiges zu lehren. Sie bitten uns sozusagen, den Riss im Erleben, den westliche Kultur hervorgerufen hat, zu heilen und laden uns ein, zu Aspekten unseres Seins zurückzukehren, die in evolutionärem Sinn viel älter sind."[14]

Die zeitliche und örtliche Desorientiertheit, Veränderung der Persönlichkeit, Vergesslichkeit, Gebrechlichkeit über den natürlichen Alterungsprozess hinaus sowie eigene Blockaden, Erwartungshaltungen an den zu Pflegenden und Stress machen eine würdevolle, wertschätzende, nicht jede Aussage auf die Waagschale werfende Begegnung oft schwer.

Eine mögliche Form der Kommunikation ist die Validation. Sie ist eine Methode sowie Haltung, die den Umgang mit dementen Personen erleichtern soll.

Obwohl ich mich intensiv damit beschäftigt habe, wurde mir nach einem Seminarbesuch zum Thema bald klar, dass diese Art der Begleitung für mich als pflegender Angehöriger nicht in Frage kam. Zu nahe waren unsere Beziehung und die Emotionalität bereits im Vorfeld. Für beruflich in der Altenpflege Tätige ist es aber sicherlich ein nützliches Werkzeug zur Verbesserung der Kommunikation und des gegenseitigen Verstehens.

Pflegende Angehörige sprechen oft davon, dass sie das Gefühl haben, mit einem fremden Menschen zu leben. Dieses Gefühl hatte ich mit meiner Mutter nur sehr selten.

---

14 Tim Kitwood, Dementia reconsidered, Imago Hominis, Band 22, Heft 4, Institut für medizinische Anthropologie und Bioethik, Wien 2015

Hannes Stranz, Lebenshilfe Hartberg, *Tageswerkstätte Pöllau*

Hannes Stranz, Lebenshilfe Hartberg, *Tageswerkstätte Pöllau*

Thomas Maier, Lebenshilfe Hartberg, *Tageswerkstätte Pöllau*

Andreas Felberbauer, Lebenshilfe Hartberg, *Tageswerkstätte Pöllau*

11. Da Voda wor bei der SS

Interessant verliefen Gespräche aber, wenn Mutter dann doch ganz offensichtlich in der Vergangenheit war und Erinnerungen hochkamen, mit denen ich überhaupt nichts anzufangen wusste. Solche Gespräche waren die Ausnahme, aber unheimlich spannend.

Eines Tages sagte sie plötzlich, ohne Vorwarnung, wir saßen gerade am Küchentisch: „Und da Voda wor bei da SS!"

Schockiert sowie verwundert sah ich sie an. „Oma! Da Papa war nicht bei der SS. Das geht sich gar nicht aus! Er hat immer wieder erzählt, dass er gerade einmal bei einer Art Musterung war und nie wirklich an irgendeiner Front!", erwiderte ich überzeugt.

„Nicht da Papa!", fuhr sie fort. Nach kurzem Innehalten erzählte sie weiter: „Sei Voda!!" Weiter verwundert fragte ich: „Da Opa?"

Leicht kopfschüttelnd und etwas genervt erwiderte sie: „Na geh, tua net so dumm! Den hab ich ja selbst nicht gekannt! Nicht dein Opa. Da Voda vom Mosleitner!"

Jetzt wurde es spannend. Mosleitner gab es viele bei uns. „Welcher Mosleitner?", fragte ich interessiert mit etwas lauterer Stimme, obwohl ich wusste, dass Mutter nicht schwerhörig war.

Mutter verdrehte ihre Augen und erwiderte leicht boshaft und ungläubig: „Welcher Mosleitner? Welcher Mosleitner? Na, der, den wir gerade vorher unten am Hauptplatz getroffen haben!"

Ebenfalls leicht zornig erwiderte ich boshaft: „Wir waren heute noch nirgends, Oma!" Es wurde still.

Nach einer Weile erhob ich mich vom Tisch, stellte das Frühstücksgeschirr meiner Mutter in die Spüle und begann mit der Hausarbeit.

Oma blieb am Küchentisch sitzen und blätterte in der Zeitung. Trotzdem, die Information ließ mir keine Ruhe. Während ich das Geschirr einräumte, dachte ich an die Begegnungen und Gesichter unserer letzten Spaziergänge. Weit und breit kein Mosleitner.

„Ich habe ‚Grüß Gott' gesagt, und er hat mich zur Rede gestellt. ‚Das heißt Heil Hitler!', hat er gesagt", begann sie plötzlich, wie aus heiterem Himmel, von ihrem Platz am Küchentisch aus weiterzuerzählen. „Ich habe ihn angesehen und bin davongelaufen. Als ich weit genug weg war, ging ich normal weiter", fuhr sie in ihrer Erzählung fort.

„Das nächste Mal sag ich ‚Grüß Gott, Hitler' zu ihm, ‚Grüß Gott, Herr Hitler!'"

Mutter grinste!

Als ich sie dann fragte, ob sie es jemals gesagt habe, kam ein ernstes „Natürlich nicht!".

Mutter grinste: „Ein Volk, ein Reich, ein Führer, der gleiche Dreck wie früher", war ihr Abschlusskommentar, bevor sie in ihrer Zeitung weiterblätterte.

Mehr kam nicht. Auch wenn wir gemeinsam fernsahen und Hitler zu sehen oder hören war, konnten wir nicht an das Gespräch anknüpfen. Sie erkannte ihn sofort, und man hätte meinen können, dass sie keine Meinung dazu hatte. Doch sie hatte eine.

Als einmal ein Bekannter in unserer Gegenwart über Flüchtlinge, die seiner Ansicht nach gerade unser ganzes Land verwüsteten und uns unsere Arbeit wegnehmen würden, zu schimpfen begann, war ihre trockene Antwort darauf: „Wo sollen sie denn sonst hin, wenn dort Krieg ist?" Mit diesem Kommentar hatte niemand gerechnet, und Oma hatte für einen kurzen Moment berührende Stille sprechen lassen, und ich war stolz auf sie.

Ich empfand solche Momente, in denen sie, ob kindlich naiv oder aus Überzeugung, klar zu etwas Stellung bezog, immer sehr wertvoll und spannend. Schade, dass sie so selten waren.

„Sicher ist, dass nichts sicher ist. Selbst das nicht."[15]

---

[15] Joachim Ringelnatz, deutscher Schriftsteller, Maler und Schauspieler 1883–1934

Matthias Koch

12. Und jetzt? … Und jetzt? … Und jetzt?

Und dann waren da wieder die, wie schon beschrieben, nicht enden wollenden, mühsamen, sich ständig wiederholenden Situationen, in denen, zusätzlich zu ihren körperlichen Defiziten und den Schwierigkeiten mit dem Langzeitgedächtnis, auch noch das Kurzzeitgedächtnis komplett versagte.

Einmal machten wir das Morgenritual gleich drei Mal durch. Nachdem ich meine Mutter ins Bad begleitet und ihr die täglich benötigte Hilfestellung auf der Toilette gegeben hatte, wusch sie sich und zog sich an. Beides unter Anleitung und der entsprechenden Unterstützung. Sie war an diesem Tag wieder einmal besonders schwach, wie so oft am Morgen noch sehr müde und fragte fast nach jedem Handgriff, was zu tun sei. Im Anschluss setzte sie sich zum Frühstück.

Nachdem sie zwei Bissen von ihrem Brot gegessen hatte, fragte sie: „Und jetzt?"

Zuerst wollte ich ihr noch sagen, dass sie jetzt etwas trinken, ihre Medikamente nehmen oder in der Zeitung weiterblättern könnte.

Ich entschied mich für die Sicherheitsvariante und sagte nur: „Deine Medikamente sind noch zu nehmen!"

Sie hatte die Tabletten noch in der Hand und fragte: „Und jetzt?"

Ich sagte erst einmal nichts. Kurz bevor ich ihr den Weg der Hand zum Mund erklärt hatte, schaffte sie es doch und nahm auch gleich selbständig einen Schluck Tee.

„Und jetzt?", fragte sie.

Ich war kurz davor, eine sarkastische Antwort zu geben, doch ich sah sie an und erkannte an der Körperhaltung wie ihrem Gesichtsausdruck, dass sie tatsächlich keine Ahnung hatte, was zu tun war.

Ich legte mein Tablet zur Seite und sagte in aller Ruhe: „Was du magst! Du kannst Zeitung lesen, weiter essen, noch etwas trinken. Du kannst einfach so bei mir sitzen bleiben. Mach einfach, wonach du Lust hast!" Mir war klar, dass eine einzelne klare Antwort besser gewesen wäre, doch ich wollte in meiner Mutter nicht immer nur einen Patienten sehen.

Körperhaltung und Gesichtsausdruck meiner Mutter änderten sich kein bisschen! Nach kurzer Zeit erhob sie sich und legte sich auf ihre Bettbank im Wohnzimmer.

„Auch okay", dachte ich und blieb noch etwas am Küchentisch sitzen. Keine zwei Minuten später ging sie auf die Toilette und benötigte Unterstützung. Im Anschluss fragte sie: „Und jetzt?" Meine Antwort: „Jetzt wäscht du dir bitte die Hände!"

Danach setzte sie sich zu mir an den Tisch und begann, ein weiteres Mal zu frühstücken. Sie aß die erste Hälfte ihres Brotes fertig, nahm einen Schluck Tee und fragte: „Und jetzt?" Langsam fand ich es lächerlich. „Oma! Du kannst machen, was du willst!" Noch einmal zählte ich ihr dieselben Möglichkeiten wie zuvor auf. Sie sah in den kleinen roten Eierbecher, in dem immer ihre Medikamente bereit lagen, und fragte: „Und meine Pulver?" – „Die hast du schon genommen!" Mutter mit verwundertem Blick: „Wenn du das sagst?" Sie verabschiedete sich wieder Richtung Wohnzimmer und legte sich nieder.

Als sie rund fünf Minuten später wieder auf die Toilette ging und nach meiner Unterstützung auf der Toilette ihren Pyjama anzog, war mir klar, dass es ein besonders mühsamer Tag werden würde.

Mutter saß im Badezimmer und sagte fast stolz zu mir: „Ich habe mich gleich umgezogen!" Hätte ich meinen Sarkasmus nicht schon zur Seite gestellt oder wäre ich ein Witzeschreiber, hätte meine Antwort darauf sein müssen: „Und jetzt?"

Wieder einmal bat ich sie aber einfach nur zu Tisch. Nachdem ich ihr fast aufgezwungen hatte, die Tageszeitung zu lesen, sie die zweite Hälfte des Brotes gegessen und mich wieder mit großen Augen angesehen hatte, nachdem ihre Tasse leer war und sie jetzt nichts mehr zum Nachspülen für die Medikamente hatte, bat ich sie mit aller in mir noch schlummernden Ruhe, sich ihre Kleidung anzuziehen, weil es jetzt noch nicht zum Schlafengehen sei! Zum Trinken bekam sie natürlich.

Mutter ging ins Badezimmer. Absichtlich blieb ich in der Küche sitzen und war gespannt darauf, was jetzt wohl kommen mochte. Nach circa fünf Minuten sah ich dann doch nach. Sie saß auf dem Sessel auf ihrem Gewand, sah mich mit großen Augen an und fragte, was sie tun solle. Ich half ihr auf, um die komplett verknitterte Kleidung schön zusammenlegen zu können und setzte Mutter wieder auf den Sessel. Ich bat meine Mutter, sich anzuziehen. Nach weiteren fünf Minuten fragte ich, was sie jetzt tun möchte. Sie antwortete: „Auf dem Kopf stehen und mit dem Arsch wispeln!" Ich schnaufte einmal tief durch und zog sie an.

Doch neben dieser einfühlsamen Eselsgeduld benötigte ich zumindest in gleichem Maße Konsequenz und Hartnäckigkeit. Wenn ich nicht da gewesen wäre, wäre sie im Bett geblieben. Jegliche Motivation zur Selbstständigkeit war weg und musste mit ihr mühsam, mehr schlecht als recht, erarbeitet werden. Sie hätte es nicht geschafft, sich ein Frühstück zu richten, einkaufen zu gehen, Arztbesuche zu organisieren, Medikamente zu besorgen, die Wohnung sauber zu halten, zu kochen, auf die eigene Hygiene zu achten, Wäsche zu waschen, spazieren zu gehen, aktiv zu bleiben, soziale Kontakte aufrechtzuhalten und vieles mehr. Sie wäre im Bett liegen geblieben, hätte sich gehen lassen und wäre noch passiver geworden.

Das Experiment, zu warten, bis sie morgens von selbst aufstand und zumindest bis in die Küche kam, endete mit einem riesigen Berg Schmutzwäsche und einer zusätzlich desorientierteren Mutter.

Gott sei Dank waren solche „Und jetzt"-Tage nicht die Norm, und sie erholte sich wieder. Aber speziell in Momenten wie diesen wuchs die Sorge. „Was, wenn das jetzt so bleibt oder noch schlimmer wird?", dachte ich.

Klar war, dass ich mehrere solcher Tage hintereinander nicht aushalten würde.

Ich hatte mich in meiner Arbeit als Pädagoge immer durch Geduld ausgezeichnet, was mir auch bei Mutter half. Doch nirgendwo anders war es so frustrierend und ärgerlich, die kontinuierliche Verschlechterung des Allgemeinzustandes, die ich nicht hinnehmen mochte, zu akzeptieren. Ich musste mir sehr oft einreden, dass es der Lauf der Dinge sei, sie mich nicht absichtlich ärgerte, es zum Teil ein natürlicher Altersprozess war und sie viele Dinge einfach nicht mehr konnte. Doch war oft unbeschreiblicher Frust und Ärger am Ende des Tages übrig.

Sowie die Fragen „Wie kannst du nur?" und „Warum ich?"

Anders als im Zeitungsartikel zitiert, sah ich einen Heimplatz für Mutter nie als so schlimm an, dass er nicht in Frage kommen würde. Auch eine 24-Stunden-Pflegekraft hätte sich finanzieren lassen, und ich konnte mir das mittlerweile gut für meine Mutter vorstellen. Doch waren die räumlichen Gegebenheiten im Haus nur eingeschränkt gegeben.

So plante ich ein neues Projekt. Ein eigenes Zimmer für eine etwaige 24-Stunden-Pflegekraft. In kürzester Zeit bauten wir einen Teil des ehemaligen Lagerraums der Schneiderei meines verstorbenen Vaters so um, dass ein schönes Wohn-Schlafzimmer mit kleiner Küchenecke entstand und so zumindest die Rahmenbedingungen zur Einstellung einer Pflegekraft geschaffen wurden.

Allein zu wissen, dass ich theoretisch jederzeit eine Pflegekraft aufnehmen konnte, half mir wieder und gab Kraft, die Pflegetätigkeit selbst besser erledigen zu können … oder ertragen?

Michael Kohlhofer, Lebenshilfe Hartberg, *Tageswerkstätte Pöllau*

13. Perspektivensuche

Damit ich weiter die Pflege meiner Mutter übernehmen konnte, mussten aber auch kreative Finanzierungsmöglichkeiten geschaffen werden.

Der bekannte Scherz „Lieber Gott, erhalte mir die Gesundheit und die Arbeitskraft meiner Frau!" bekam einen ernst zu nehmenden Hintergrund.
Bettina übernahm eine leitende Position in ihrer Firma und ich übernahm, einmal mehr, dann wieder weniger, den Haushalt. Da wir beide im gleichen Bereich tätig waren, konnte ich so auf dem Laufenden bleiben. Ich hatte großes Interesse an den Entwicklungen in unserem Fachgebiet.
Meine Kontakte zur Lebenshilfe ermöglichten es, dass ich eine Firma fand, die auf der Suche nach einem Geschäftslokal war und bei mir die passenden Räumlichkeiten gefunden hatte. Zusätzlich konnte ich mitarbeiten und mir so ein paar Euro dazu verdienen. Dadurch waren auch immer wieder Menschen der Tageswerkstätte Pöllau bei uns, die auch für diese Firma arbeiteten.
Ich genoss es, mehr Bewegung und Leben im Haus zu haben und das Geschäftslokal meiner Mutter hatte so wieder eine sinnvolle Aufgabe.

Hubert, ein junger Mann aus der Arbeitsgruppe der Lebenshilfe, nutzte gerne Gelegenheiten, sich vor der Arbeit zu drücken und besuchte uns regelmäßig. Einige Angestellte der Lebenshilfe kannten meine Mutter schon lange, teilweise waren es auch ehemalige Kunden von ihr. Heinrich begrüßte Mutter anfangs immer mit den Worten: „Da kommt der Teddybär. Ich sag gleich Teddybär!" Oder Tim, der jede Gelegenheit nutzte, sie auf die Wange zu küssen.
Mutter machte es nichts. Sie lachte. Es machte ihr auch nichts aus, dass ihr ehemaliges Geschäftslokal für Herren- und Kindermoden nun anders genutzt wurde. Die Begegnungen mit den

Leuten der Lebenshilfe waren für Mutter angenehm. Auch wenn ihr manches etwas komisch vorkam.

Das Betreuerteam wusste von ihrer Demenzerkrankung und informierte mich, wenn Dinge geschahen, die ihnen nicht ganz geheuer vorkamen.

Manches Mal, wenn Mutter das Treiben über den Balkon oder das Stiegenhaus eine Zeit lang beobachtet hatte, kam sie zu mir und berichtete leicht angespannt und ganz geheimnisvoll mit leiser Stimme: „Da unten ist jemand!" oder „Weißt du, wer die Menschen da sind?"

Wenn wir die Leute aber im Hof oder Stiegenhaus trafen, war sie immer freundlich und genauso im Gespräch wie mit anderen.

Das Projekt gab mir die Möglichkeit, neue Projekte, wie eben die Adaptierung der Räumlichkeiten für eine 24-Stunden-Pflegekraft, etwas schneller auf die Schiene zu bringen.

Aufgaben waren generell sehr wichtig für mich. Bettina meinte einmal, dass ich unausstehlich sei, wenn ich nichts hätte, mit dem ich mich über längere Zeit beschäftigen könne. Große oder kleinere Projekte. Ich war dankbar für jede auch nur noch so kleine Ablenkung, die mich vom Pflegealltag etwas wegbrachte.

Es gab auch Projekte, in die ich Mutter mit einbeziehen konnte. So kam ich beispielsweise über eine Freundin zum Mystery Shopping. Ich testete also Autohäuser, Apotheken, Mode- und Sportgeschäfte und schrieb im Anschluss Berichte darüber und bewertete je nach Auftrag die Situationen.

Wenn es sich irgendwie verbinden ließ, nahm ich Mutter mit. Durch die alte Frau an meiner Seite wirkte ich in bestimmten Geschäften noch glaubwürdiger, und niemand dachte daran, dass ich ein Testkunde sein könnte.

Die Sache wurde dadurch zwar nicht einfacher, aber oft sehr viel lustiger. Mutter stand daneben oder saß in der Nähe. Ich dachte, dass es für sie als ehemalige Geschäftsfrau spannend sein könnte. War es aber nicht.

So richtig spannend wurde es allerdings für mich, als sie einmal nicht mehr dort saß, wo ich sie hingesetzt hatte.

Es war in einem Einkaufszentrum mit vielen Geschäften, und der Weg nach draußen war, Gott sei Dank, relativ lang. Trotzdem wurde mir heiß.

Ich konnte sie plötzlich nirgends mehr sehen. Ich machte einen Rundumblick, entschuldigte mich bei der Verkäuferin und lief aus dem Geschäft. Nichts! Sie war nicht mehr da. Ich ging ein paar Schritte Richtung Ausgang, ebenfalls keine Spur. Ich sah, ob irgendwo mehrere Menschen zusammenstanden oder ungewöhnliche Situationen zu beobachten waren. Doch es tat sich nichts Besonderes. Außer viele Leute, die in Eile waren, teilweise hektisch wirkten und wahrscheinlich Stress hatten. Ich sah zwei Polizisten, die ich ansprechen wollte, doch im selben Augenblick entdeckte ich auch meine Mutter.

Sie schlenderte seelenruhig durch das Einkaufszentrum und sah sich die Auslagen an. Ich beobachtete sie eine Weile. Sie hatte ihre Hände nach hinten verschränkt und wirkte entspannt. Als sie in Richtung einer Konditorei steuerte, hing ich mich bei ihr ein, und wir machten eine Rast bei Kaffee und Kuchen. Ich erarbeitete mir mittlerweile auch in diesem Bereich eine neue Art der Flexibilität und dachte: „Ist okay, es könnte uns wirklich schlechter gehen!", denn die Phasen, in denen es wirklich schlecht ging, waren noch nicht lange her, und ich wusste, dass sie wiederkommen würden.

„Interessant", dachte ich, „was die Menschen wohl über uns denken mögen." Manches Mal trafen wir bei solchen Einsätzen, die etwas weiter weg von zu Hause waren, auch Leute aus unserer Heimatgemeinde. Obwohl ich schon lange damit abgeschlossen hatte, mir über das, was andere über uns so dachten, wirklich Gedanken zu machen, stellte ich mir dann aber doch die Frage: Hielten sie mich für einen arbeitsscheuen Sozialschmarotzer, der sich mit der Pension der Mutter ein schönes Leben machte? Glaubten sie, ich sei ein barmherziger Samariter? Empfanden sie Neid? Unverständnis? Wertschätzung? Blicke von Menschen, die mich kannten, aber in diesen Momenten nicht einmal grüßen konnten, trafen mich dabei am meisten.

Irgendwie war es aber auch schön, dass Mutter die Zeit genoss und sich nicht mehr Gedanken machte, was wohl die Leute denken würden, Gedanken, die früher für sie als Geschäftsfrau doch immer irgendwo präsent gewesen waren.

Auf jeden Fall gingen wir nach Kaffee und Kuchen in das Geschäft zurück, ich brachte meinen Testkauf zu Ende und dachte bei der Heimfahrt: „Wieder einmal so eine Geschichte, die wohl nur in meiner Erinnerung bleiben wird."

Zu Hause angekommen, richtete ich ihr eine Jause. Mutter war so fit, dass sie sich selbst umzog. Sie hatte ihr Pyjamaoberteil gleich über die Weste angezogen und saß, ihre Haare kreuz und quer durcheinander, mit einem leichten, zufriedenen Lächeln am Küchentisch. Ich sagte erst einmal gar nichts und musste ebenfalls leicht schmunzeln. Sie blätterte die Zeitung durch und sagte nach kurzem Blick ins Fernsehprogramm: „Da ist auch nichts Gescheites. Ich gehe gleich liegen!" „Wie du meinst", erwiderte ich, „was du sagst, Oma."

Mutters Blick richtete sich auf die Magnettafel neben der Küchenbank. Dort waren aktuelle Postkarten und Sterbebilder naher Verwandter angeheftet. Sie rückte ganz nahe an die Tafel und sah sich alles sehr genau an. Bei einem Bild verharrte sie extra lange und rückte noch näher zur Magnettafel. „Was macht ein Bild von der Brigitte hier? Sie lebt aber schon noch!" Ich seufzte tief durch und blieb still. „Oder?", fragte sie weiter. Ich sagte: „Nein. Sie hatte einen Unfall beim Bergwandern und ist schon vor einiger Zeit verstorben." Darauf Mutter mit tröstender Stimme: „Na so etwas! Die Brigitte. Das tut mir aber leid."

Sie nahm ihre Medikamente aus dem Eierbecher, trank einen Schluck Tee und verabschiedete sich ins Schlafzimmer.

Da ich wusste, dass sie noch nicht fertig war und zumindest einmal zurück in die Küche kommen würde, blieb ich sitzen. Auch ich sah mir das Sterbebild von Brigitte an. Noch einmal seufzte ich tief durch. Was hätte sie in meiner Situation wohl gemacht? Ich war zerrissen. Einerseits genoss ich die Zeit, um für Mutter da sein zu können. Andererseits vermisste ich herausfordernde Arbeiten, geregelte Dienstzeiten, Pausen, einen freien Kopf, Zeit für mich und etwas mehr Unabhängigkeit.

Monate später ergab sich die Gelegenheit, Arbeit in einem Wohnhaus für Menschen mit Behinderung bei der Chance B[16] zu finden, und ich konnte meine Bedürfnisse zum Teil stillen. Man hätte sagen können: Ich war jung und brauchte das Geld! Doch ich fand mich in einem Team, in dem ich eher zu den älteren Begleitern gehörte. Es war vor allem wieder ein Projekt, auf das ich meinen Fokus lenken konnte. Der Reiz nach neuen Herausforderungen und auch ein wenig Zauber war plötzlich wieder spürbar. Natürlich konnte ich jeden zusätzlichen Euro gebrauchen. Aber die Motivation war eine andere. Das Stundenausmaß war anfangs sehr gering und ließ sich gut mit dem Pflegebedarf meiner Mutter vereinbaren.

Ich hatte wieder Termine, musste aus dem Haus und konnte dem Alltagstrott ein wenig entfliehen. Wenn ich auch ursprünglich gedacht hatte, mich an einem neuen Arbeitsplatz in der direkten Betreuung verlieren zu können und es eine Doppelbelastung werden würde, tat es doch gut wieder, in einem Team zu arbeiten und meinen eigentlichen Beruf an der Basis ausüben zu können!

Bettina, Christoph und Jan halfen mit, die Stunden meiner Abwesenheit zu überbrücken. Anfangs war ich mit meinen sorgenvollen Gedanken noch oft zu Hause. Es funktionierte aber auch ohne mich. Vor allem durch Bettinas Unterstützung. Für Mutter selbst war die Veränderung kein Problem. Sie sah fern, fragte Bettina regelmäßig, ob sie Hilfe brauche, sah Jan vom Balkon aus beim Fußballspielen zu oder holte sich Kleinigkeiten, die ich ihr

---

16 Die Chance B ist eine Organisation, die soziale Dienstleistungen für Menschen in der östlichen Steiermark, zur Unterstützung eines erfüllten Lebens in der Region, anbietet.

in verschiedenen Küchenkästen oder Laden versteckt habe, zu essen. Offen für sie hergerichtete Brote oder Kuchenstücke blieben oft über. Versteckte Lebensmittel holte sie sich immer. Okay, Kuchenstücke ließ sie nie übrig. Da kommt sie ganz nach mir.

Ich erfuhr, wie wichtig es für meine Stellung in der Gesellschaft war, sagen zu können, dass ich arbeiten gehe. Obwohl die Tätigkeit und das Stundenausmaß zu Hause ungleich umfangreicher war als an meinem neuen Arbeitsplatz. Mit einer Aussage wie „Ich gehe arbeiten und begleite Menschen mit Behinderung durch den Alltag!" konnten viele aus meinem Umfeld mehr anfangen als mit „Ich pflege meine Mutter!"

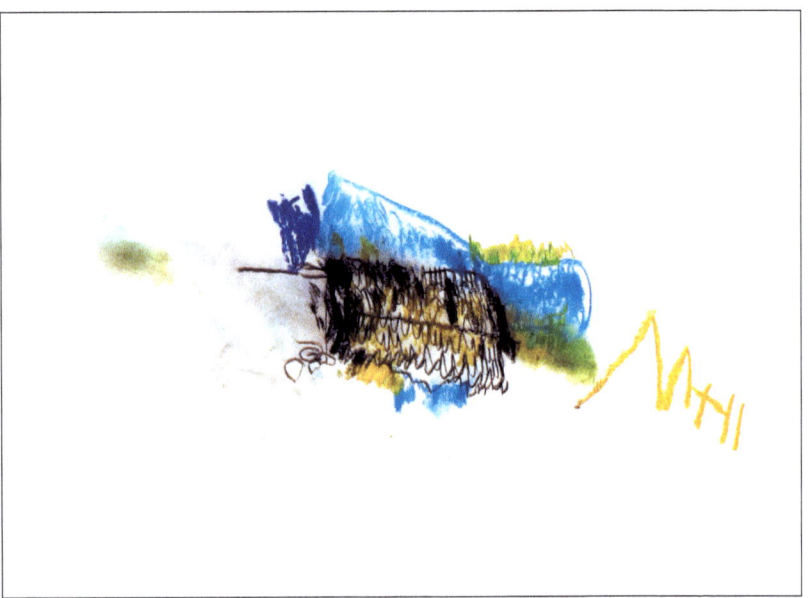

Michael Kohlhofer, Lebenshilfe Hartberg, *Tageswerkstätte Pöllau*

14. Sisyphus

Der Alltagstrott war, abgesehen von ein paar Ausnahmen, sicher nicht mehr ganz so emotional wie zur Anfangszeit. Die Geschichten wiederholten sich, und es brauchte Ausdauer, Geduld und Platz für den Ausgleich.

Die Sisyphusarbeit, die nicht gesehen, und die psychische Belastung, die nicht verstanden wurde, ermüdete im Alltag aber oft zusätzlich.

Doch ähnlich wie Kinder, die die Gabe haben, ihre Eltern zu lehren, wie schön die kleinen, unscheinbaren Dinge im Leben sein können, lernte ich wieder, Momente zu schätzen, die sonst so schnell vorübergehen oder oft gar nicht mehr wahrgenommen werden.

Es tat gut, sich auf den Daudalau und ein ganz anderes Tempo einzulassen.

Doch brauchte ich ebenso den regelmäßigen Tapetenwechsel.

Ob ein paar Tage bei Verwandten in der Obersteiermark, ein Abend mit Freunden, ordentlich Abtanzen, Arbeiten abseits des Pflegealltags, Veranstaltungsprojekte oder Musicals: Jede Abwechslung war wichtig und oft Balsam für die Seele.

Doch ganz allgemein wurde der Pflegeaufwand kontinuierlich größer. Meist genau in Augenblicken, in denen ich dachte, dass jetzt alles passte, lief und ich persönlich eine gute Balance gefunden hatte, folgte ein neuer Rückschlag.

So kam, unmittelbar nachdem ich wieder geringfügig zu arbeiten begonnen hatte, die komplette Harninkontinenz dazu, und Mutters Verwirrtheit wurde von Monat zu Monat nachweislich größer.

Ich verstand es nicht. „Reiß dich zusammen." „Das gibt es doch nicht!" oder „Wie kannst du nur!" waren Sätze, die wieder und wieder, wie zu Beginn unserer Pflegebeziehung, immer öfter in meinem Kopf herumzuschwirren begannen.

Ich war regelrecht wütend auf meine Mutter! „Wie kann man sich nur so gehen lassen?", „Wie kann einem alles nur so egal sein?", „Wie kann die Motivation, etwas für sich zu tun, zu kämpfen um am Ball zu bleiben, nur so schwinden!"

Manches Mal wusste ich, ähnlich wie bei meinen Söhnen, wirklich nicht, ob wir aus dem Gröbsten raus waren oder die wahren Schwierigkeiten erst vor uns standen.

Es gab auch Momente, wo ich einfach nur heulte und versuchte, mich mit Rumkugeln über Wasser zu halten.

Oft fragte ich mich, ob es eine sinnlose, vergebliche Anstrengung war und die schwere Arbeit zu keinem Ziel führte.

Nach außen blieb ich aber taff und ließ mir nichts anmerken, beschwichtigte und spielte die wahre Belastung geschickt herunter.

Roland Habersack, Lebenshilfe Hartberg, *Tageswerkstätte Pöllau*

15. Grundlegendes

Es gibt viele Formen der Demenz. Mit rund 70 Prozent ist Alzheimer-Demenz die häufigste Form der Erkrankung. Ich persönlich habe mich aber nie näher damit auseinandergesetzt oder dafür interessiert, welche Art meine Mutter genau hat.

Für die tägliche Begleitung ist es aus meiner Sicht auch sekundär. Um die Veränderung bei einem geliebten Menschen verstehen und akzeptieren zu können, braucht es vor allem Zeit und Empathie. Es braucht eine Struktur, die nicht überfordert, Orientierung gibt und keine Belastungen aus der Vergangenheit ist. Logische Argumente kommen nicht mehr an, und komplexe Diskussionen sind für diese Personengruppe nicht nachvollziehbar.

Gewohnheiten sollten aber trotzdem so lange wie möglich aufrechterhalten werden. Es braucht Geduld und die Gelassenheit, mögliche Aggressionen nicht persönlich zu nehmen.

Vor allem braucht es aber auch Auszeiten! Zeit für sich selbst, um wieder Energie für die Herausforderungen des Alltags tanken zu können.

Tipps für pflegende Angehörige

Es gibt sehr viel Literatur zum Thema. Auch das Internet ist voll damit. Stellvertretend dafür möchte ich auf ein paar Punkte aus der Broschüre „Vergiss nicht auf dich – So schaffst du Raum für dich und deine Bedürfnisse" der FELiX-Demenzbegleitung eingehen.[17]

So wie es für mich Theaterspielen, Vespa fahren, das Treffen mit Freunden, Tanzen, Rumkugeln, Musik, Zeit für die Familie

---

17 Andrea Stix, Vergiss nicht auf dich – So schaffst du Raum für dich und deine Bedürfnisse, FELiX-Demenzbegleitung, 2016

und Ähnliches war, hat jeder seine eigenen höchst individuellen Tankstellen, die er auch nutzen sollte.

Nur Angehörige, die selbst genügend Energie und Lebensfreude verspüren, können eine Stütze für einen erkrankten Menschen sein.

Unsere heutige Leistungsgesellschaft bringt es mit sich, dass viele Menschen das Gefühl haben, ihnen läuft die Zeit davon, weil sie für nichts mehr Zeit haben. Menschen mit Demenz verlieren im Krankheitsverlauf die zeitliche Orientierung und leben verstärkt im Augenblick.

Der Konflikt scheint also vorprogrammiert. Sich auf das Tempo des Betroffenen einzulassen, ist überaus wichtig und ein Lernprozess.

Sich Zeit nehmen bedeutet, dem Menschen mit Demenz die Chance zu geben, dass er nachvollziehen kann, was man gerade jetzt von ihm möchte, und ihm, vor allem im Anfangsstadium, die Möglichkeit zu eröffnen, Dinge noch selbständig durchzuführen.

Ausreichend Zeit einzuplanen, bedeutet für den Angehörigen, mit Gelassenheit an die Situationen heranzugehen.

Wer Zeit für einen Menschen mit Demenz aufbringt, wer Geduld mit ihm hat, der bringt ihm zugleich große Wertschätzung entgegen, eine zentrale Voraussetzung für eine gute Beziehung.

Achten Sie auf eine wertschätzende Kommunikation. Verständigungsschwierigkeiten können auftreten, weil der Betroffene
- von sich aus kein Gespräch mehr beginnt
- nicht versteht, was man ihm sagt
- Wortfindungsprobleme hat
- ständig dasselbe fragt oder erzählt
- nicht einsehen will, dass er manche Dinge nicht mehr kann

Angehörige haben dann oft das Gefühl, dass sie ins Leere reden oder sind enttäuscht über das Nicht-Annehmen einer gut gemeinten Hilfestellung. Der Demenzkranke hingegen fühlt sich meist unverstanden oder bevormundet. Damit der Alltag trotzdem gelingen kann, sollte sich der Angehörige möglichst auf den Betroffenen einstellen und
- nicht auf Defizite oder Fehler hinweisen
- dem kranken Menschen mit Respekt begegnen

- Ruhe und Sicherheit vermitteln
- Hilfsmittel wie Brillen und Hörgeräte besorgen
- kurz, klar und langsam sprechen
- zum gesprochenen Wort auch Mimik oder Gestik verwenden
- Blickkontakt halten
- Gefühle in den Mittelpunkt stellen

Gehen Sie achtsam mit sich selbst um!
Menschen, die einen schwerkranken Angehörigen pflegen und begleiten, haben den Fokus auf die Bedürfnisse des Kranken ausgerichtet, bleiben aber gerne selbst auf der Strecke und merken dies oft erst, wenn sie selbst krank werden.

Lassen Sie es nicht so weit kommen. Sorgen Sie für ihr Wohlbefinden. Gönnen Sie sich etwas Besonderes als Anerkennung für Ihre Leistung.

Gesund und kraftvoll können Sie aber nur dann bleiben, wenn es Ihnen gelingt, eine Balance zwischen Anspannung und Entspannung zu finden. Bedenken Sie, wenn Sie sich nicht entspannen können, gerät Ihr gesamter Organismus aus dem Gleichgewicht. Und wenn Sie ständig aktiv sind und die Warnsignale überhören, kommt es irgendwann zum Zusammenbruch. Versuchen Sie immer wieder, bewusst innezuhalten.

Überlegen Sie, was Sie selbst brauchen und sagen sie es! Nehmen Sie Hilfe an! Hilfe annehmen bedeutet nicht Schwäche, sondern erfordert Mut. Pflegende und betreuende Personen sind besonders gefährdet, durch ihre große intensive Aufgabe in die Isolation zu geraten. Freunde, mit denen man sich verbunden fühlt, sind gerade für diesen Personenkreis sehr wichtig. Verabreden Sie sich von Zeit zu Zeit. Freunde sind Ihr Kontakt zur Außenwelt. Nutzen Sie daher die Verabredungen auch, um aus dem Alltag auszusteigen und über andere Themen und aktuelle Ereignisse zu sprechen.

Schaffen Sie sich Orte der Entspannung in ihren eigenen vier Wänden. Suchen Sie Plätze, wo sie Energie tanken können.

Machen Sie sich immer wieder bewusst, dass die Pflege von schwerkranken Menschen nicht nur sehr viel von Ihnen abverlangt, sondern meistens auch über einen langen Zeitraum notwendig ist.

Machen Sie sich bewusst, dass nicht nur der kranke Mensch Pflege und Betreuung braucht, sondern auch Ihr Körper nach Streicheleinheiten verlangt.

Suchen Sie sich eine Sportart, die zu Ihnen passt.

Achten Sie auch bewusst auf Ihre Ernährung. Sie sollte vitamin- und nährstoffreich sein.

Gönnen Sie sich gemütliche Abende und Ihrem Geist eine Pause.

Machen Sie sich am Ende des Tages bewusst, was Sie alles geschafft und bewältigt haben und gestehen Sie sich zu, nicht perfekt sein zu müssen!

…

Wir sollen heiter Raum um Raum durchschreiten,
An keinem wie an einer Heimat hängen,
Der Weltgeist will nicht fesseln uns und engen,
Er will uns Stuf' um Stufe heben, weiten.
Kaum sind wir heimisch einem Lebenskreise
Und traulich eingewohnt, so droht Erschlaffen,
Nur wer bereit zu Aufbruch ist und Reise,
Mag lähmender Gewöhnung sich entraffen.[18]

…

---

18 Hermann Hesse, Sämtliche Gedichte in einem Band, Stufen, Suhrkamp Verlag, Frankfurt am Main 1995

Margarethe Ulz, Chance B, *Tagesförderstätte Gleisdorf*

Margarethe Ulz, Chance B, *Tagesförderstätte Gleisdorf*

Margarethe Ulz, Chance B, *Tagesförderstätte Gleisdorf*

Margarethe Ulz, Chance B, *Tagesförderstätte Gleisdorf*

Margarethe Ulz, Chance B, *Tagesförderstätte Gleisdorf*

Margarethe Ulz, Chance B, *Tagesförderstätte Gleisdorf*

DRITTES KAPITEL
UND MIR PERSÖNLICH …?

Theoretisches Wissen über die Krankheit einzuholen, war leicht. Auch die Adaptierung der Räumlichkeiten stellte keine wirkliche Herausforderung dar, und die rechtlichen Rahmenbedingungen, um abgesichert zu sein, waren schnell geschaffen.

Spannend wurde allerdings die Auseinandersetzung mit der neuen Lebenssituation, der eigenen Persönlichkeit und dem Umfeld.

Das Gefühl, im Pflegealltag von nahen Verwandten allein gelassen worden zu sein, tat anfangs sehr weh. Auch wenn ich die untätige Ohnmacht anderer zum Teil verstand und es sich auch nur um ein Gefühl handelte, war ich doch sehr oft allein und schlussendlich enttäuscht.

Ich hatte mich für etwas entschieden, was nicht ganz selbstverständlich war und dachte, dieses Entgegenkommen auch von anderen erwarten zu können. Dem war aber nicht so, und Beziehungen im engsten Familienkreis wurden auf eine harte Probe gestellt.

Viel zu schnell wurde meine Arbeit zur Selbstverständlichkeit und die immer wiederkehrende Aussage meiner Mutter „Werner macht alles!" von meinem Umfeld auch genauso wahrgenommen und nicht weiter hinterfragt. Es ärgerte mich maßlos, wenn andere Angehörige die Arbeit nicht sahen und mich einfach machen ließen. Gott sei Dank konnte ich bald wenigstens Ratschläge zu meiner Tätigkeit stoppen. Echte Unterstützung zu bekommen, war aber schwer. Diese Zeit hat Narben hinterlassen. Ich glaube, ich hätte öfter klar sagen müssen, was ich brauchte, doch wusste ich anfangs selbst nicht, was und hatte später das Gefühl, dass mir sowieso niemand wirklich helfen konnte und mich keiner verstand.

Es brauchte sehr viel Kraft, Regelungen zur Entlastung zu finden und diese auch zu verbalisieren. So war ich lange Zeit der Bittsteller für jede Kleinigkeit. Speziell die ersten beiden Jahre waren sehr mühsam.

Ich kann jedem pflegenden Angehörigen nur raten, detaillierte Vereinbarungen, beispielsweise mit Geschwistern, so früh wie möglich zu treffen, in denen fixe Zeiten der Entlastung oder finanzielle Vorsorgen getroffen werden, die einzuhalten sind. Am besten schriftlich und verbindlich. Die Zusicherung „Wir lassen dich nicht im Stich" allein ist zu wenig!

Dieses Kapitel soll aber keine Abrechnung sein! Naomi Feil, die Begründerin der Validation, sagte einmal: „Empathie und Mitgefühl funktionieren immer." Sie sieht ihren Ansatz für Begleiter auch darin, „in den Schuhen des anderen (zu) gehen." Deshalb kann ich auch niemandem böse sein, denn ich könnte nicht sagen, wie gelähmt ich selbst gewesen wäre oder reagiert hätte, wenn jemand anderes, von sich aus, die Betreuung meiner Mutter übernommen hätte und dann mit Erwartungen an mich gekommen wäre.

Roland Habersack, Lebenshilfe Hartberg, *Tageswerkstätte Pöllau*

1. Die Aufopferungsfalle

War es am Anfang noch Wut, wenn meine Mutter Fragen nur unbefriedigend beantworten konnte oder Verzweiflung darüber, dass Handlungsabläufe nicht mehr klappten und Rituale und Traditionen vermeintlich an Wert verloren hatten, war es später oft nur Trauer und ein Stück weit Mitleid.

Sie erkannte Menschen aus ihrem Umfeld nicht mehr. Einfachste Tätigkeiten des täglichen Lebens brachte sie plötzlich nicht mehr auf die Reihe.

Der bereits erwähnte Daudalau, oftmaliger Frust und Erschöpfung waren ständige Begleiter im Pflegealltag.

So fiel ich während meiner Begleitung teilweise in ein für pflegende Angehörige oft typisches Helfer-Syndrom. Ein „Gebraucht-werden-wollen", das zur Sucht werden kann. Ich war schneller in dieser Rolle, als ich schauen konnte und das, obwohl ich eigentlich vom Fach war. In der Theorie wird es so beschrieben, dass Betroffene oft versuchen, ein Ideal zu verkörpern, das sie selbst seitens der Eltern oder generell in der Kindheit vermisst haben. Eine Hilfsbereitschaft, die bis zur Selbstschädigung und Vernachlässigung von Partnerschaft, Freunden und Familie führen kann und bei der der Unterstützer die Grenzen des Möglichen ignoriert und Hilfe anderer ablehnt. Folgen dazu können Burnout oder Depression sein.[19]

Ich begann tatsächlich Schritt für Schritt, das Leben meiner Mutter selbst in die Hand zu nehmen. Neben den unumgänglichen Tätigkeiten in der Pflege übernahm ich Dinge, die bei Weitem nicht sein hätten müssen und auch nicht notwendig waren. Ich begann, Mutter zu bemuttern.

---

19 Wolfgang Schmidbauer, Helfersyndrom und Burnout-Gefahr, Urban & Fischer, München 2002

Eine Aufgabe, in der man sich verlieren und beseelt viele Jahre überleben kann, bevor man in ein tiefes Loch fällt. Ohne Vorkenntnisse, sei es aus der Theorie oder dem Wissen aus Betreuersicht im Pflegealltag von Heimen aus der Praxis, wäre ich mit Sicherheit in dieser „Aufopferungsfalle" gefangen geblieben.

Psychohygiene[20] und Selbstreflexion hießen die Zauberwörter der Stunde.

Schritt für Schritt begann ich, nachdem mir bewusst geworden war, in welcher Gefahr ich mich befand, das Leben meiner Mutter wieder Stück für Stück loszulassen und sie selbst sowie vor allem auch mich wieder leben zu lassen.

Es war kein uneingeschränkt selbstbestimmtes Leben, das ich Mutter ermöglichen konnte, auch für mich war es das bei Weitem nicht.

Unterm Strich war es aber unbestritten mehr Leben, als wenn ich sämtliche Teilbereiche ihres Alltags übernommen und somit ihr Leben komplett in meine Hand genommen und auf mein eigenes verzichtet hätte.

Die ständige Observanz, einmal mehr, dann wieder weniger, blieb und ließ mich im Gedanken auch in meiner freien Zeit weiter oft nur notdürftig los.

Für die Nachtstunden gab es eine Notfall-Glocke, die auf ihrem Nachttisch lag und mit meiner Wohnung verbunden war, die sie aber kein einziges Mal, nicht einmal in Zeiten der größten Not, benutzte. In manchen Nächten kam zusätzlich ein Babyphon zur Anwendung. „Stets bereit", wie auf meiner Wehrdienstmedaille stand.

---

20 Beim Begriff „Psychohygiene" geht es um Erhalt und Pflege der psychischen Gesundheit. Die Unterstützung (durch einen externen Begleiter) bei belastenden Situationen.

„Meine Güte, dann dauern gewisse Dinge eben doppelt oder dreimal so lange. Wo ist das Problem? Ich bin zu Hause geblieben, um Zeit für sie zu haben." Das waren Sätze, die ich mir oft vorsagte.

Wie in so vielen Bereichen ging es aber um die Balance und das Finden des passenden, eigenen Weges. Eine tägliche Herausforderung ohne Zufriedenheitsgarantie. Es ging um das Geben von Sicherheit, in einer professionellen, liebe- und verständnisvollen Weise. Emotionen durften Platz haben. Ich musste Mutter nur klarmachen, dass ich kein Partnerersatz war.

Generell mussten wir uns klarwerden, dass die Rollen neu verteilt waren und wir eine Eltern-Kind-Beziehung führten, die sich um 180 Grad gedreht hatte und sich zu einer Pflegebeziehung entwickelt hatte.

Abgesehen von der Wichtigkeit des persönlichen Abgrenzens, bleibt das Zitat von Naomi Feil: „Empathie und Mitgefühl funktionieren immer."

Vielleicht war mir das bewusste Erleben dieser Zeit auch deshalb so wichtig, weil ich durch die Geschichte meiner Schwiegermutter gesehen hatte, wie schlimm es war, wenn die Trennung von einem geliebten Menschen so plötzlich und unerwartet geschah und Abschiednehmen so unsagbar schwer war.

Hannes Stranz, Lebenshilfe Hartberg, *Tageswerkstätte Pöllau*

2. Versäumt bleibt versäumt

Oft blieb ich zu Hause, wenn meine Familie in die Obersteiermark fuhr, Jan ein Meisterschaftsspiel hatte oder sonst etwas los war.

Wenn es zwar meist tatsächlich der Pflegebedarf meiner Mutter war, so war es oft auch die eigene Bequemlichkeit. Es war einfacher, zu sagen, ich könne nicht oder habe keine Zeit, als Ersatzpflege zu organisieren beziehungsweise zu riskieren, Mutter einmal länger als zwei Stunden alleine zu lassen. Ich schlug Einladungen zu Vespatreffen und Konzerten aus. Auch an Abenden im Bierstüberl war ich meist der Erste, der ging. Manches Mal war ich zu müde, um aktiv an Gesprächen teilzunehmen, manches Mal ging ich aber auch nur nach Hause, um am nächsten Tag wieder fit zu sein. Ob mein Handeln gut oder schlecht war, kann ich nicht beurteilen. Fakt ist aber, dass ich mich um viele spannende, lustige und wahrscheinlich erholsame Stunden brachte. Die Reue über versäumte Stunden kam zwar immer recht bald, doch bei der nächsten Gelegenheit handelte ich wieder nach demselben Muster.

Die Situationen, in denen ich auf die Vernunft gepfiffen und Mutter nur notdürftig versorgt hatte oder über mehrere Stunden, bei Aktivitäten mit der Familie, ihr Befinden nur mittels Kontrollanrufen abgefragt hatte, blieben die Ausnahme, aber unvergessen, sofern mich nicht einmal die eigene Demenz erwischt.

Einmal war ich bei einem Klassentreffen. Weil ich schon früher als üblich weg musste, habe ich meine Mutter schon für 18 Uhr fertig zum Schlafengehen hergerichtet.

Ich hatte ihr ein Programm eingestellt, auf dem eine Samstagabendshow kam und gesagt, dass sie so lange fernsehen könne, wie sie wolle und im Anschluss ruhig schlafen gehen könne, da sie ihre Medikamente ja schon genommen habe. „Den Fernseher schalte ich dann schon aus", waren meine abschließenden Worte. Es waren sicher zu viele Informationen für meine Mutter, doch ich war in Eile.

Als ich früh morgens wieder nach Hause kam, saß sie noch immer vor dem Fernseher. Ich bemerkte, dass das falsche Programm eingestellt war und sie wahrscheinlich die ganze Nacht Zeichentrickserien wie „Die Simpsons" gesehen hatte. Als ich sie dann zu Bett begleitet hatte, meinte sie nur: „Wetten, dass …? ist auch nicht mehr das, was es einmal war."

Ich kann jedem pflegenden Angehörigen nur raten, Pausen zu machen, sich aus der Pflegesituation zu nehmen und durchzuatmen. Es müssen keine durchzechten Nächte sein. Mehrere bewusst gemachte Pausen untertags sind ebenso wertvoll! Ob man diese mit Stricken, Kaffee trinken, Rumkugeln, Trainieren, Tanzen gehen, Yoga oder etwas anderem verbringt, ist egal – es sollte nur bewusst erlebte Zeit sein!

Matthias Koch

3. Krise?

Meine lange, fast schon mantrahaft verinnerlichte Antwort auf die Frage: „Krise als Chance?" lautete stets: „Blödsinn! – Krise bleibt Krise!"

Natürlich hält man sich mit Zitaten wie beispielsweise „Bedeutende Erfolge sind das Ergebnis überwundener Krisen"[21] oder Ähnlichem lange Zeit über Wasser, und es ist auch sonnenklar, dass Krisen unvermeidbare Bestandteile des Lebens sind. Aber dass sie oft als Chance verkauft wurden, fand ich zu weit hergeholt.

Nach Dr. Rolf Merkle müssen wir in einer schweren Lebenskriese vier Phasen durchlaufen.[22]

1. Phase: Nicht-wahr-haben-Wollen und Verleugnung
2. Phase: Aufbrechende Gefühle
3. Phase: Neuorientierung
4. Phase: Neues Gleichgewicht

Mit Sicherheit reißen uns Lebenskrisen aus der Gleichgültigkeit und helfen, zu erkennen, dass unsere eigenen Grenzen noch nicht erreicht sind.

Die Notlage zwingt uns, den inneren Schweinehund zu überwinden, aus Gewohnheiten auszubrechen und nach Lösungsmöglichkeiten zu suchen.

Ich sage es einmal so: „Krisen sind Chancen zur Weiterentwicklung."

---

21 Hans Aendt, deutscher Schriftsteller, 1909–1995
22 Dr. Rudolf Merkle, www.psychotipps.com, PAL Verlagsgesellschaft GmbH, München

„Wie geht es der Mama? Was macht sie den ganzen Tag? Ist sie sehr dement? Kennt sie die Leute noch?", waren Fragen, die oft gestellt wurden. Aber wie es mir ging, wurde kaum gefragt.

Nicht dass mir die Frage wichtig gewesen wäre oder es keine Gelegenheiten zur Reflexion gegeben hätte. Wie es mir aber „eigentlich" ging, wollte, glaube ich, oft gar niemand wissen. Beziehungsweise konnte ich es oft, schnell darauf angesprochen, nicht in Worte fassen.

Meine Stellung als pflegender Angehöriger war im näheren Umfeld sowie im Bekanntenkreis anerkannt und wurde, glaube ich, grundsätzlich akzeptiert und geschätzt.

Allerdings machte ich auch die Erfahrung, dass es, wenn ich von meinen Gefühlen sprach, recht bald still wurde. Mir wurde zwar zugehört, aber oft hatte ich den Eindruck, dass ich andere damit überforderte oder langweilte. Die Möglichkeit zum Erfahrungsaustausch bot sich kaum.

Es wurden zwar Stammtische für pflegende Angehörige von verschiedenen Organisationen angeboten, doch waren diese meist weit weg. Ich spielte zwischenzeitlich mit dem Gedanken, für unsere Region selbst einen ins Leben zu rufen, verwarf die Idee aber später wieder, weil ich nicht wieder Organisator von etwas sein, sondern ein Angebot ohne Verpflichtungen einfach nur annehmen und nutzen wollte.

Wie ich es von meiner Mutter gelernt hatte, stoppte ich Gespräche, die drohten, unangenehm zu werden, einfach. Ich merkte, wie schwer es fiel, mein eigenes Tun gut zu reflektieren. Über ihre Pflegebedürftigkeit und meinen Tätigkeitsbereich zu sprechen, war mir noch immer oft unangenehm.

Lange Zeit war mir, trotz Erfahrungen in Supervision, Seelenstriptease und Selbstreflexion, die Kraft der Frage „Und wie geht es Dir EIGENTLICH?" gar nicht klar.

Bis ich in einem Gespräch mit Eva, einer Bekannten, die ihren Mann nach einem schweren Unfall pflegt, diese Frage selbst stellte.

Ich merkte, wie sich ihr Blick plötzlich senkte und wie bemüht sie war, eine ehrliche Antwort zu geben. Es schien ihr fast nicht zu gelingen. Nach einer Zeit hob sie ihren Kopf wieder und sagte: „Weißt du, dass mich seit dem Unfall von Andreas noch niemand gefragt hat, wie es mir eigentlich geht? Jeder fragt mich, wie es ihm geht. Aber wie es mir geht, interessiert keine Sau!"

Etwas entsetzt über diese Antwort, fand ich es gut an der Zeit, das Thema zu wechseln. Im Grunde ging es ihr wie mir, und ich konnte sie sehr gut verstehen. Wir verblieben dabei, dass wir uns unbedingt einmal auf einen Kaffee treffen müssten! Dazu kam es aber leider nie.

Wie ging es also MIR?

Meine ständige Suche nach Verständnis für die Entscheidung und Akzeptanz für das, was ich tat, sowie die Suche nach Wertschätzung blieb, aus meiner Wahrnehmung heraus, ergebnislos.

Ich fühlte mich oft unverstanden, hatte keine Unterstützung im Pflegealltag, war bei Problemen auf mich allein gestellt, und die Sehnsucht nach Entlastung war groß! Ein Tag mit meiner Mutter konnte so auf die Nerven gehen, dass ich hätte schreien können. Ich war unausgeglichen, und die Beziehung zu meiner Frau oft angespannt! Mir ging es mies.

Bettina war wenigstens so fair und machte vom ersten Tag an klar, dass sie mich bei Pflegetätigkeiten nicht unterstützen könne. Doch suchte ich oft gerade bei ihr Ausgleich, Verständnis, Wertschätzung und Akzeptanz.

Schließlich veränderte sich auch unsere Beziehung. Ich war nicht mehr, altbürgerlich betrachtet, der Mann, der das Geld nach Hause brachte. Sie nicht die Person, die allein die Verantwortung für Kindererziehung und Haushalt übernahm.

Es war ganz einfach anders und die tradierte Rolle von Mann und Frau ziemlich auf den Kopf gestellt. Bis auf Fensterputzen und Bügeln.

Ich übernahm fast alle Arbeiten im Haushalt. Fensterputzen und Bügeln überließ ich dann aber doch Bettina. Schließlich war sie dabei deutlich schneller als ich, und das Ergebnis war doppelt so schön. Mit dieser Effizienz konnte ich einfach nicht mithalten.

Ich entdeckte an mir sogar, dass ich zickig und anhaltend nachtragend sein konnte. Das mag jetzt vielleicht ein bisschen wehleidig und chauvinistisch klingen. Aber dass Bettina im Gegenzug Reifen gewechselt, Reparaturen am Haus, bauliche Maßnahmen oder sonst typisch männlich besetzte Tätigkeiten übernommen hätte, war nicht der Fall.

Im Zusammenleben mit meiner Mutter gab es immer wieder Tage, an denen alles ganz leicht von der Hand ging, ich die Zeit mit ihr genoss und die erschaffenen Oasen der Entspannung schon fast langweilig wurden.

Das Gefühl der Überforderung stand dem Gefühl der absoluten Unterforderung um nichts nach. Es ging im Grunde immer wieder darum, die Balance zu finden und im Fluss zu bleiben. Die Probleme blieben dieselben, doch die Bewertung änderte sich. Ich hatte gelernt, damit umzugehen. Die Steigerung des Selbstwertes war wichtig, aber auch sehr schwierig.

Wenn schon sonst keiner sagte, außer Bettina und manches Mal Tante Gerda, dass meine Entscheidung die richtige war, so sah ich Mutter selbst als Gradmesser dafür und erkannte, dass ihr meine Begleitung guttat.

Wertschätzungen, wie ich sie aus der Arbeitswelt kannte, blieben aus, doch wenn ich genau hinhörte, waren Sätze meiner Mutter wie „Ich weiß nicht, was ich ohne dich täte! Danke für alles!" unbezahlbare Worte der Wertschätzung. Ich konnte mir selbst sagen, dass meine Entscheidung die richtige war und hatte schlussendlich jederzeit die Möglichkeit „Aus! Stopp! Ende!" zu sagen und hatte das Gefühl, niemandem Rechenschaft dafür ablegen zu müssen.

Aggressionen, ob verbal oder körperlich, wie von pflegenden Angehörigen oft berichtet, waren in unserer Pflegebeziehung nie Thema. Es hätte aber wahrscheinlich auch das sofortige Ende meiner Arbeit bedeutet. Schlagen oder beschimpfen muss sich niemand lassen!

Mit langsam steigerndem Selbstwert konnte auch die Qualität der Beziehung zu Bettina wieder zunehmen.

Jede Veränderung ist eine Chance! Dazu braucht es wirklich keine Krisen! Und doch hat mir eine Krise geholfen, mich im positiven Sinne neu zu orientieren.

Vor meinem Entschluss, Mutter zu pflegen, war ich gut in der Arbeitswelt verankert gewesen. Alles lief glatt.

Wenn ich aber in stillen Momenten darüber nachdachte, musste ich mir schon die Frage stellen, ob ich nicht in der Psychiatrie gelandet wäre, wenn ich nicht aufgehört hätte, dort zu arbeiten.

Ich verdiente in meinem Job sehr gut, doch meine Familie sah ich selten. Als ich mit Mutters Pflege begann, war es genau umgekehrt, und ich hätte nicht sagen können, dass es mir schlechter ging.

Es entstanden plötzlich Möglichkeiten, an die ich zuvor nicht gedacht hatte. Das Schreiben war nur eine davon.

Ich hatte Zeit, ich musste nur lernen, sie mir zu nehmen und für mich sinnvoll zu nutzen.

Ich konnte gemeinsam mit Mutter Zeit genießen! Ich ging bewusster unter Menschen und sah mein Leben als echtes Geschenk.

Wütend wurde ich in weiterer Folge nur auf mich selbst, wenn ich merkte, dass ich mich wieder einmal selbst belog, und begann, meinem Umfeld etwas vorzumachen.

Auf die Frage „Wie geht es euch?" antwortete ich nach wie vor noch gerne: „Ja ja, uns geht es gut! Sie braucht eben manches Mal etwas länger, und wenn wir um 9 Uhr noch beim Frühstück sitzen, ist es egal, wir haben ja Zeit!"

Ja, Zeit hatten wir. Doch in Wirklichkeit saß nur Mutter um 9 Uhr beim Frühstück. Ich zog noch das Bett ab, machte eine Wäschefüllung nach der anderen und putzte das Bad, nachdem ich zuvor Mutter für den Frühstückstisch hergerichtet und dafür gesorgt hatte, dass wir wieder unter Leute konnten.

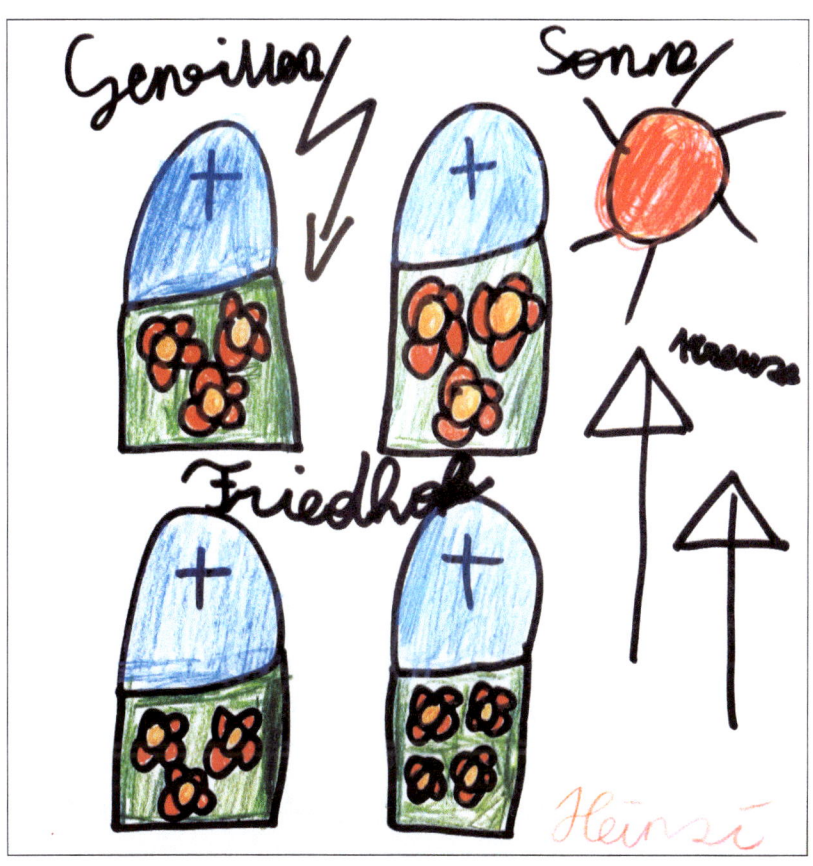

Heinz Steinhöfer, Lebenshilfe Hartberg, *Tageswerkstätte Pöllau*

VIERTES KAPITEL

ALLES HAT EIN ENDE …?

1. Die Vergänglichkeit

„Aktuellen Schätzungen zufolge leben in Österreich 115.000 bis 130.000 Menschen mit irgendeiner Form der Demenz. Aufgrund des kontinuierlichen Altersanstiegs in der Bevölkerung wird sich diese Anzahl bis zum Jahr 2050 verdoppeln und der Betreuungs- und Pflegebedarf weiter steigen."[23]

Man kann diese Zeilen einfach so stehen lassen und sich nichts dabei denken. Als Angehöriger einer an Demenz erkrankten Person macht man sich natürlich seine Gedanken. Vor allem auch über die eigene Neigung, selbst daran zu erkranken.

Als bei mir mit knapp 45 Jahren so nach und nach das eine oder andere Wehwehchen kam, ich meine eigene Gebrechlichkeit spürte und mir sagen musste: „Ich bin ja keine 40 mehr", wurde ich schon etwas nachdenklich. Mir stieß einiges sauer auf. Vieles ging mir an die Nieren, und ich hatte plötzlich Tage, an denen ich kaum laufen konnte. Ich hörte zunehmend schlechter und ein lästiges Ohrgeräusch begann, mich in Momenten der Stille zu quälen. Der Körper zeigte mir meine Grenzen. Das Hinterfragen einiger Symptome war spannend, gehört jedoch nicht in dieses Buch. Im Allgemeinen vertrat ich die Meinung: „Auch ein 100-Jähriger wird sagen, dass er keine 90 mehr sei."

Die Medizin geht aktuell davon aus, dass in etwa fünf Prozent aller Demenzen auf genetischen Dispositionen beruhen, also

---

[23] Bundesministerium für Gesundheit und Frauen, www.bmgf.gv.at, stand 07/2019, Sektion Gesundheit, Wien

vererbt wurden. Aus meiner Sicht ein Wert, der keinen Grund zur Beunruhigung gibt.

Natürlich kann ich mit meiner Schlussfolgerung falsch liegen, und ich gehöre zu diesen fünf Prozent. Doch wenn es so ist, werde ich mir sicher nicht bereits heute den Kopf darüber zerbreche, und im Sinne einer selbsterfüllenden Prophezeiung darauf warten.

Meine Wehwehchen waren körperlicher Natur und, so glaube ich, auf meine jahrelange Unsportlichkeit und Unachtsamkeit mir selbst gegenüber zurückzuführen. Ich vergesse nicht mehr als andere. Auch wenn meine Frau die Sache mit der Vergesslichkeit eventuell ein wenig anders sieht.

Für meine Mutter und mich galt: „Glücklich ist, wer vergisst, was doch nicht zu ändern ist."[24] Früher vertrat Mutter den Standpunkt: „Alles zu wissen, ist besser, als alles zu haben."

Als sie noch aktive Geschäftsfrau war, löste sie unheimlich gerne Kreuzworträtsel. Frau Friesl, unsere Trafikantin, legte ihr aus diesem Grund immer die aktuellste Ausgabe einer bestimmten Zeitschrift zur Seite.

Sie liebte es auch, sich die Millionenshow anzusehen und war immer sehr interessiert an dem Geschehen rundherum. Trotzdem oder deswegen Demenz?

Es ist nun einmal so, und dennoch fragt man sich: „Wie kannst du nur?"

Nach Jahren der „einsamen Pflege" kam Unterstützung. Gudrun nahm bei Besuchen die Pflege immer öfter von sich aus auf, versorgte Mutter am Abend, half bei der Morgenaktivierung beziehungsweise übernahm die komplette Tagesbegleitung, obwohl ich auch im Haus war.
Anfangs war es schwierig, diese unerwartete Hilfe auch annehmen zu können, doch sonntags akzeptierte ich sie gerne. Ich konnte mich theoretisch richtig ausschlafen. Doch stattdessen wälzte ich

---

24 Johann Strauss (Sohn), österreichischer Komponist, 1825–1899

mich im Bett, hörte Rauschen im Ohr und haderte. Die Gedanken kreisten oft um dieselben Dinge.

Ich musste mir die Frage stellen, ob ich es überhaupt noch selbst in der Hand hatte, einen Schlussstrich unter die Pflegebeziehung zu ziehen. Konnte ich noch rationelle Entscheidung treffen? Waren rationelle Entscheidungen jetzt überhaupt gefragt?

Ich sage einmal, ich hatte es noch in der Hand, die passende Entscheidung zu treffen, denn niemand sonst sagte, was ich tun sollte, gab Tipps oder Ratschläge. „Wie du meinst", „Werner macht alles", wie Mutter zu sagen pflegte. Doch nach knapp vier Jahren Pflege stand ich noch immer vor derselben Frage. Beziehungsweise stellte ich mich selbst in Frage.

Wie ging es weiter? War die Zeit für eine 24-Stunden-Kraft gekommen? Oder sollte ich mich um einen Heimplatz für Mutter umsehen? Konnte ich noch? Wollte ich noch? Zurück in die Psychiatrie? Gab es irgendwo Rumkugeln für mich?

Gudruns Unterstützung tat gut, und meine Schwester und ich fanden kurzfristig wieder etwas besser zueinander.

In meiner Beziehung zu Mutter wurde es aber immer klarer, dass die Zeit die mir nicht nur geholfen hatte, meine Mutter neu kennenzulernen, sondern auch ein wenig mich selbst, langsam zu Ende ging.

Es war eine Auszeit vom Leistungsdruck gewesen. Die Möglichkeit, mein Leben ganzheitlicher zu sehen und mich mit meinen Wurzeln auseinanderzusetzen.

Eine persönlichkeitsbildende Grenzerfahrung.

Erfahrungen, die ich sammelte, die ich jedoch nie hätte sammeln können, wenn ich mich nicht auf dieses Experiment eingelassen hätte.

„… Und mi draufkumman losst, jede Lost wiad erst zua Lost, wennst as a Lost sein losst …"[25]

---

25 Paul Pizzera & Otto Jaus, „Mama", Unerhört Soldie 2017

Klaus Scherr, Lebenshilfe Hartberg, *Tageswerkstätte Pöllau*

2. Ein Schlag ins Gesicht

So strauchelte ich weiter. Meine Tätigkeiten abseits des Pflegealltags gewannen immer mehr an Bedeutung. Das geringe Stundenausmaß im Wohnhaus der Chance B, in dem ich Arbeit gefunden hatte, tat weiter gut und ließ mich etwas freier im Kopf werden, dachte ich.

Wie seit Langem geplant, hatte ich mich für einen Wochenenddienst einteilen lassen und mit Gudrun abgesprochen, dass sie die Pflege für dieses Wochenende übernahm. Bettina und die Jungs hatten selbst Termine. So weit so gut.
Ich glaube, es war drei oder vier Tage vor diesem Dienst.
Ich war in meinem Daundalau. Hatte gerade Mutters Bett frisch bezogen und die zweite Füllung Wäsche gerichtet. Es war ein schöner Tag. Die Sonne blitzte bereits durch das Wohnzimmerfenster und zeigte, wie nötig es war, die Fenster wieder einmal zu putzen beziehungsweise putzen zu lassen. Ich war wirklich gut aufgelegt. Die W-LAN-Verbindung zu Omas Wohnbereich war stabil, und ich hörte meine Lieblingsmusik. Mutter hatte es sich gerade wieder gemütlich auf ihrer Bettbank im Wohnzimmer gemacht und sich zum Rasten bereit gemacht.
Ich dachte noch so bei mir: „Lange wirst du hier nicht liegen bleiben, wir werden dann einen ausgiebigen Spaziergang machen", und irgendwie freute ich mich auch darauf sowie generell auf diesen Tag.
Ja, Sonne kann schon etwas!! Ich war motiviert, ausgeglichen und gut in meiner Mitte, dachte ich.
Ich war gerade beim Abräumen des Frühstückstisches als mich meine Schwester anrief. Ich freute mich, als ich ihren Namen auf dem Handydisplay sah. Schließlich hatte sie Mutter über Weihnachten bei sich gehabt, hatte mir zugesagt, das nächste Wochenende für sie da zu sein und mir das Gefühl gegeben, dass sie meine Schwierigkeiten im Pflegealltag verstand, dachte ich.

So machte ich die Musik etwas leiser und nahm ihren Anruf entgegen.

Meine überschwängliche Begrüßung „Hallo Gudrun wie geht's?" wurde mit einem „Nicht so gut" etwas gedämpft. Noch ahnte ich nicht, dass ihr Problem in dieser Sekunde zu meinem wurde.

Interessiert fragte ich nach: „Oje, was ist los?", und sie sagte, dass sie krank sei und am Wochenende nicht kommen könne.

Ich muss zugeben, in diesem Moment stockte mir der Atem. Ich glaube, dass sie noch sagte, dass es ihr leid tue, danach legte sie auf.

Wenn ich sage, dass ich in diesem Moment stinksauer war und am liebsten das Frühstücksgeschirr zu Boden geschmissen, laut geschrien und aus Zorn, Wut, Verzweiflung und Ärger die Fensterscheibe eingeschlagen hätte, ist das die Untertreibung des Jahrhunderts. Gut, das Fensterputz-Problem wäre kurzfristig gelöst gewesen.

Mich ärgerte nicht, dass sie krank war. Sie konnte es. Sie brauchte nur zum Arzt gehen, ihren Dienstgeber anrufen, sich auskurieren und dann wieder arbeiten gehen, wenn sie fit war. Fertig. Vielleicht war es auch Neid darüber, dass sie so unbekümmert absagen konnte.

Was wäre, wenn ich krank würde? Was war, wenn ich nicht konnte?

Als ich mich wieder einigermaßen gefasst hatte, rief ich zurück und bat sie, so verständnisvoll wie nur irgendwie möglich, für eine Ersatzpflege zu sorgen.

Ich ging in meinen Wohnbereich, drückte mein Gesicht in ein Polster auf der Couch und heulte.

Mutter stand plötzlich bei mir und fragte was los sei. „Nichts!", sagte ich und heulte weiter. „Gehen wir heute spazieren? Es ist so ein schöner Tag!" Doch ich sagte: „Nein." Ich hatte in diesem Moment jede Lust auf irgendetwas verloren.

Im Nachhinein betrachtet, sehe ich, wie zerbrechlich meine Persönlichkeit war. In einem Moment noch bestens gelaunt, alles im Lot, mit dem Gefühl, alles im Griff zu haben, und im nächsten am Rande des Zusammenbruchs.

Als ich eine halbe Stunde später wieder nach Mutter sehen wollte, war sie weg. Ich wurde hektisch, alle Zimmer leer, keine Antwort auf meine Rufe, der Herzschlag wurde schon wieder schnell.

Gott sei Dank war sie noch nicht weit. Sie saß auf einer Bank im Hof, ließ ihre Füße baumeln und meinte, dass sie ein Auto gehört und gedacht hatte, dass Gudrun komme. „Gehen wir spazieren?", fragte sie.

Die nächsten Wochen waren der Horror. Ich musste mich in weiteren Telefonaten und WhatsApp-Nachrichten mit Gudrun und Tante Gerda dafür rechtfertigen, warum ich so wütend war und warum ich es nicht einsah, dass Gudrun nicht kommen konnte.

Die Ersatzpflege übernahm Gerda, die mir zu bedenken gab, dass sich Gudrun und ich wieder vertragen sollten, da sie sonst nicht mehr aushelfen werde.

Selbst Gudruns Mann schaltete sich in die Auseinandersetzung ein und erklärte mir, dass Oma mein Problem sei und seine Frau, bis auf weiteres, nichts mehr machen werde.

Ich musste mich beschimpfen lassen und wurde ausgerechnet in dieser Zeit, in der ich mehr Unterstützung als jemals zuvor brauchte, als Tyrann beschimpft und alleine gelassen. Wurde gedemütigt und konnte mir zusätzlich anhören, dass meine Bitten Psychoterror seien.

Selbst als sich die Lage etwas zu entspannen schien, kam kein Angebot der Hilfe, Unterstützung oder ein Vorschlag, wie ich im Sommer zu einer Woche Urlaub, gemeinsam mit der Familie, kommen könnte.

Diese Zeit hat mich geprägt und die Beziehung zu meiner Schwester und ihrem Mann nachhaltig verändert. Selbst Monate später, beim Schreiben dieser Zeilen, bin ich den Tränen nahe und voller **Wut**. Für meinen Selbstwert war es damals ein Schlag ins Gesicht, der schlimmer nicht hätte sein können. Sollte sich auch diese Krise im weiteren Verlauf als Chance entpuppen?

Es wäre wieder Platz für viele weise Sprüche, die ich mir hier aber verkneifen werde. Ich war froh, dass Bettina bei mir war und ich Freunde hatte, die mich unterstützten, mit denen ich reden konnte und die mich verstanden.

So lernte ich meine Kraftquellen zu benennen und schätzen.

Ebenso wie ich lernte, meine persönlichen Energieräuber auszumachen.

Ich absolvierte den Wochenenddienst und bekam zusätzlich Unterstützung von Arbeitskollegen, denen ich mein privates Dilemma anvertraute.

Die nächsten Wochen waren aber trotzdem mühsam. Ich verkroch mich wieder hinter der Arbeit mit Mutter und ging nur selten aus dem Haus.

Vielleicht war ich auch nur abgrundtief enttäuscht, von Menschen, die mir einmal sehr nahestanden. Mein Selbstwert war nicht nur am Boden, er rutschte weiter in den Keller.

Doch sollte der Satz „Oma ist dein Problem!", der mich anfangs so getroffen hatte, am Ende doch noch den Ausschlag geben, die Initiative zu ergreifen?

Ich meldete mich bei einer Beratungsstelle für pflegende Angehörige und informierte mich über Möglichkeiten bei uns im Bezirk.

Ich nahm das Angebot des „Angehörigengesprächs"[26] in Anspruch, bekam psychologische Unterstützung und informierte

---

26 „Das Angehörigengespräch" ist ein Angebot des Sozialministeriums und wird pflegenden Angehörigen in Österreich unter bestimmten Voraussetzungen kostenlos zur Verfügung gestellt.

mich wieder intensiver über 24-Stunden-Pflegekräfte und die Unterbringung in Heimen.

Da ich wusste, dass die Wartelisten lang waren, hatte ich, um auf Nummer sicher zu gehen, in diesem Moment Mutter schon einmal im Seniorenzentrum, einem Altenheim der Volkshilfe bei uns im Ort, angemeldet.

Plötzlich erkannte ich, dass es eine große Chance war, Mutter als mein Problem zu sehen. Dadurch, dass sich sonst anscheinend wirklich niemand für sie interessierte, verspürte ich auch ein klares Mandat, alleine handeln und entscheiden zu dürfen.

Lösungsorientiert zu handeln, war nie schwer für mich gewesen. Doch noch nie musste ich, so konsequent wie dieses Mal, versuchen, meine Emotionen aus dem Entscheidungsprozess herauszuhalten.

Ich entwickelte mich ein Stück weit zu einer rational denkenden Maschine, deren Zielvorgabe war: „Die Form dieser Pflegebeziehung zu beenden!"

Meine persönlichen Mechanismen zum Steigern des Selbstwertes setzten fast automatisch ein. Ich ging ins Bierstüberl, ohne wirklich Lust dazu zu haben. Ich traf mich mit Freunden, ging tanzen mit Monika und blieb bis früh morgens aus. Ich trainierte wieder mehr, machte regelmäßig meine Yogaübungen, dachte an Rumkugeln und pflegte Mutter weiter. Es ging!

Obwohl ich es relativ gut schaffte, meine Emotionen herauszuhalten, meine Energieräuber nicht an mich heranzulassen und ich wieder ein konkretes Ziel vor Augen hatte, war die Zeit ausgesprochen herausfordernd.

Bettina war da und stärkte mich in meinen Entscheidungen.

Die mobilen Angebote für Mutter, sowie generell für Menschen, wurden immer mehr, besser und individueller. Auch die Preise waren moderat und schließlich gab es ja auch Förderungen.

Doch mit jedem Euro, den Mutter dafür einsetzte, würde automatisch auch mein Gehalt geringer, und die Möglichkeit, dann wieder Vollzeit arbeiten zu gehen, ergab sich dadurch auch nicht. Ich hätte dann zwar die Möglichkeit für Auszeiten gehabt, doch ich wollte endgültig und ganz aus dieser Pflege aussteigen.

Für eine 24-Stunden-Pflege, wie ich sie mir vorstellte, reichten Mutters Pension und das Pflegegeld nicht. Aus Kostengründen irgendeine Agentur mit minder qualifizierten Pflegekräften ohne Referenzen zu engagieren, kam für mich nicht in Frage. Mehrkosten wollte ich nicht alleine tragen, und vor allem blieb auch bei dieser Variante weiterhin alles in meiner Verantwortung.

Es gibt sicher tolle und günstige Agenturen mit engagiertem Pflegepersonal. Ich persönlich wollte mich aber nicht mehr auf ein neues Experiment einlassen.

Somit stellte sich bald heraus, dass es, nach kühler Berechnung, wohl ein Heimplatz werden würde. Angemeldet hatte ich sie ja bereits, und eine gewisse Wartezeit nahm ich in Kauf.

Josef Ebner, Lebenshilfe Hartberg, *Tageswerkstätte Pöllau*

3. Change

Als aber der Sommer fast zu Ende war und es wieder so aussah, dass ich zu keinem Urlaub mit Bettina, Christoph und Jan kommen würde, erweiterte ich meine Heimsuche.

Das Seniorenzentrum in Pöllau war voll, und ein Heimplatz war dringend nötig. Ich konnte nicht mehr. Ich sehne mich nach einer guten Lösung und einem Ende!

Eine Heimleiterin erzählte von der „natürlichen Selektion" in ihrem Haus. Sie meinte damit das Sterben und erklärte, dass es überall Wartelisten gebe, die, wie sie es nannte, „abgearbeitet werden müssen". Trotz ihrer Offenheit, für die ich sehr dankbar war, habe ich Mutter in diesem Heim nicht auf die Warteliste setzen lassen.

In einem Seniorenzentrum in Laßnitzhöhe, unweit von Graz, wurde ich aber, anscheinend, fündig. Ich erfuhr über das Internet, dass es dort einen freien Platz gab. Sympathisch fand ich auch, dass es von diesem Haus aus die Möglichkeit gab, nach Freiwerden eines Platzes in das Pöllauer Seniorenzentrum wechseln zu können.

An einem Freitagvormittag kontaktierte ich also diese Einrichtung. Ich bekam gleich zur Antwort, dass der Platz noch frei sei, es allerdings noch weitere Interessenten dafür gebe und ich am Montag diesbezüglich Bescheid bekäme.

Montagnachmittag kontaktierte ich wieder dieses Seniorenheim und bekam eine Absage.

Am nächsten Tag, Mutter war gerade in der Tagesbetreuung, nahm ich einen lange geplanten Massagetermin bei einer lieben Bekannten von mir wahr. Pamela kannte meine aktuelle Situation und wusste auch vom Konflikt mit meiner Schwester. Sie ist die Frau eines guten Freundes und erzählte mir ganz begeistert von einer Ausbildung, die sie gerade machte und bot an, die neue Technik bei mir anzuwenden.

Sie meinte, dass sie durch „Access the Bars" Blockaden lösen könne, was unterstützend bei Problemlösungen sei. Ich dachte gleich an bewusstseinserweiternde Drogen wie Rumkugeln, für die ich in diesem Moment wirklich sehr empfänglich gewesen wäre, aber nein. Sie meinte nur, ich solle alles Störende aus meinen Hosentaschen nehmen und es mir auf ihrer Liege gemütlich machen.

Ich legte also Handy, Autoschlüssel, einen alten Silvesterglücksbringer, den ich erst am Morgen von Mutter bekommen hatte, und dergleichen auf den Tisch und machte es mir auf Pamelas Liege bequem.

Nach einer neuerlichen kurzen Einführung begann sie, an mir zu arbeiten. Als ich endlich einigermaßen entspannt war und Wärme meinen Körper zu durchfluten begann, ging mein Handy. Im ersten Moment wollte ich es ignorieren. Es war lautlos, aber das Vibrieren nervte.

„Egal, wird nicht so schlimm sein", dachte ich. „Wenn es wichtig ist, wird die Person schon wieder anrufen." Als das Telefon bereits verstummt war, dachte ich, dass es vielleicht jemand von der Tagesbetreuung gewesen war und Oma etwas brauchte. Es ließ mir keine Ruhe, und ich bat Pamela, kurz aufzuhören, um nachsehen zu können, wer etwas von mir wollte.

Es war eine Festnetznummer, die ich nicht gespeichert hatte. Noch ahne ich nichts. Ich rief zurück und kam zur Sekretärin, des Seniorenheims, von dem Mutter gestern eine Absage bekommen hatte.

Ich muss zugeben, dass ich ein wenig angespannt wurde und sagte: „Ja, hallo, hier spricht Nussgraber, Sie haben mich gerade angerufen?" Die Dame sagte: „Guten Tag, Herr Nussgraber, ich wollte mich nur melden und sagen, dass wir nun doch einen Platz für ihre Mutter haben!"

Die weiteren Emotionen lassen sich schwer in Worte fassen.

Ich versuchte, während des Telefonates noch taff zu bleiben und vereinbarte, dass ich gleich heute noch, ohne Mutter, hinfahren würde, um alle Details klären zu können.

Doch kaum hatte ich aufgelegt, brachen alle Dämme. Ich zitterte, erzählte Pamela kurz vom Gespräch und fiel ihr um den

Hals. Ich scherzte noch, dass ihre neue Therapie wirklich sehr gut Blockaden und Probleme lösen könne und ich sie auf jeden Fall weiterempfehlen werde.

Für mich war die Sitzung zu Ende und ich brach nach Laßnitzhöhe auf.

Ab dann ging alles sehr schnell. Ich machte mir ein Bild vom Haus. Sprach mit der Pflegedienstleitung, konnte Mutters zukünftiges Zimmer ansehen, besprach Organisatorisches und sagte zu.

Zeit zum Nachdenken blieb kaum. Für den darauffolgenden Montag wurde der Einzug im Heim fixiert und für eine weitere Woche später buchte ich mit Bettina, Christoph und Jan Urlaub am Meer.

Natürlich informierte ich auch Gudrun und Tante Gerda. Was sie davon hielten, war mir gleichgültig. Ich hatte eine Entscheidung getroffen.

Thomas Maier, Lebenshilfe Hartberg, *Tageswerkstätte Pöllau*

4. Aufbruch

Bettina begleitete Mutter und mich auf der Fahrt zum Seniorenzentrum nach Laßnitzhöhe. Ich hatte im Vorfeld mit Fachleuten darüber gesprochen, wie ich Mutter am besten vorbereiten sollte. Im Grunde gaben alle den gleichen Tipp: einfach wenig darüber zu reden. Zu früh darüber zu sprechen, würde sie nur unnötig unsicher machen. Außerdem hätte ich ihr nur unzureichend erzählen können, was sie dort tatsächlich erwartete.

Mutter vertraute mir blind. Wenn ich ihr versicherte, dass etwas gut für sie war, glaubte sie mir und so konnte sie ausnahmslos jede Situation gut annehmen. Ich hoffte, dass es auch dieses Mal so sein würde.

Ich ging in ihren Wohnbereich. Mutter hatte gerade wieder eine Phase, in der sie es liebte, lange schlafen zu können. Also ließ ich sie noch ein wenig.

Ich stand in ihrem Wohnbereich und dachte an die Zeit, als ich das erste Mal nach dem Anruf von Doris hier gewesen war und noch geglaubt hatte, die Geschichte mit der verstopften Toilette im Schloss-Café, der Stapel von schmutzigen Geschirr, die Unordnung im Schlafzimmer, die leere Geldbörse, und ihre beginnende Wesensänderung wären auch nur so eine Phase.

Als ich noch gedacht hatte: „Lass dich nicht so gehen, du musst schon selbst aktiv bleiben!" und sagte: „Bitte, reiß dich zusammen, das gibt es doch nicht!", und kurz darauf klar wurde, dass sie es alleine nicht mehr schaffen würde.

Ich dachte an den Badumbau und die Schwierigkeiten dabei. Ich erinnerte mich daran, wie uns Hubert von der Lebenshilfe hier oben besuchen kam, Mutter mitten in der Nacht in die Kirche gehen wollte oder einmal durch das dunkle Wohnzimmer kam und ihren Mann suchte. Ich sah den Platz, wo ich ihr immer Süßes für die Nacht herausgestellt habe, die Magnettafel mit den Sterbebildern naher Verwandter inklusive dem von Brigitte.

Ein Blumenstrauß, den sie von Gudrun bekommen hatte, stand auf dem Tisch. Der rote Eierbecher, in dem ich ihr immer die Medikamente bereit gestellt hatte, der Platz, wo sie immer saß und mittags, gerne aus heiterem Himmel „I mog koa Wasser net, na, na, des mog i ned, mei kranker Magn kanns net vertragn …" gesungen hat.
Der Abreißkalender zeigte den 8. August.

Ich setzte mich und atmete tief durch. Es war viel passiert seit den ersten Anzeichen ihrer Demenz. Und heute? Der nächste Schritt.
Oma lag das letzte Mal in ihrem Bett, sie würde das letzte Mal in ihrem neuen Bad sein, das letzte Mal ihre Medikamente aus dem roten Eierbecher nehmen und wohl die letzten Stunden in ihrem über Jahrzehnte bewohnten Bereich verbringen. Eine Ära ging, ein Stück weit, zu Ende.
Gegen neun Uhr weckte ich sie dann aber doch.

Ich ging in ihr Schlafzimmer und begrüßte sie wie üblich. Als ich etwas später noch einmal ins Schlafzimmer kam, begrüßte ich sie ein zweites Mal: „Guten Morgen, Oma! Gut geschlafen?" Sie regte sich unter der Decke. „Welcher Tag ist heute?", fragte sie. Ich sagte: „Montag!" Mit meiner Unterstützung setzte sie sich auf die Bettkante. „Montag?", wiederholte sie. „Ja, wir machen heute einen Ausflug!", fuhr ich fort. Von mir gestützt, ging sie ins Badezimmer. „Ausflug?", fragte sie. „Ja – Bettina kommt auch mit – wir fahren auf die Laßnitzhöhe!"

Ein letztes Mal begleitete ich sie in ihr Badezimmer und unterstützte sie bei der Pflege. Wir frühstückten gemeinsam. Ich selbst erlebte viele Handlungen an diesem Morgen sehr bewusst und ein wenig melancholisch.
Beim Gang durch das Stiegenhaus, beziehungsweise unten im Hof, trafen wir Peter und seine Frau. Die beiden wussten vom bevorstehenden Schritt und unserm Vorhaben. Peter grüßte Mutter wie immer sehr freundlich. Dieses Mal mit Handschlag und den Worten „Grüß dich, Maria, geht's es an?" Mutter wie immer:

„Werner macht alles!" Peter weiter: „Wirst sehen, dort wird es dir gefallen!" Auch seine Frau Gabi kam und verabschiedete sich bei Oma.

Mutter war ganz begeistert, dass auch Bettina mitfuhr. „Na sowas, die Bettina, dass du mitfährst?!", kam zumindest genauso oft wie die Frage, wo wir hinfuhren. Bettina und ich antwortenden abwechselnd: „Wir fahren auf die Laßnitzhöhe, dort gibt es liebe Menschen, die sich freuen, dass du kommst!" Manches Mal ergänzten wir, dass dort mehrere ältere Menschen wohnten und auch sie dort bleiben konnte. Die Antwort dürfte ausreichend gewesen sein, denn weiter fragte sie nicht nach. Viel begeisterter war sie darüber, dass Bettina auch mit war. „Na sowas, die Bettina, dass du mitfährst?!"

Bei der Fahrt ins Heim musste ich an eine Geschichte meines ehemaligen Stationsleiters bei den Barmherzigen Brüdern denken. Er erzählte mir einmal von einer Frau, die von ihren Angehörigen gebracht wurde und danach zwei volle Tage im Foyer, mit ihrem alten Wohnungsschlüssel und einer Handtasche, saß und wartete, weil sie dachte, ihr Sohn hole sie jeden Moment wieder ab. „Ich komme eh gleich wieder!", sei sein letzter Satz gewesen, bevor er ohne Verabschiedung ging.

Im Seniorenzentrum Laßnitzhöhe angekommen, gab es viele Formalitäten zu erledigen. Jede Menge Informationen und Papierkram. Mutter saß daneben. Immer wenn eine Frage ganz konkret an sie gerichtet war, kam ein „Werner macht alles" oder „Wie du meinst!" Sie unterschrieb anstandslos jeden Zettel, den man ihr hinlegte.

Vor Jahren hätte sie niemals so gehandelt. Ihre Unterschrift war nur schwer zu bekommen und bei Unsicherheit hätte sie sich Rechtsbeistand oder zumindest alle Informationen detailliert eingeholt, bevor sie unterschrieben hätte.

Die Heimleitung kam. Stellte sich vor und begrüßte Mutter freundlich.

Mutter gab ihr die Hand und antwortete: „Aha, kannst Nussi zu mir sagen!", und lachte.

Bettina und ich blieben noch eine Weile. Wir gingen mit ihr ein wenig spazieren und sahen uns das Haus, die Gemeinschaftsräume und ihr Zimmer an.

Als der Zeitpunkt der Verabschiedung kam, setzte ich mich zu ihr und sagte: „Du, Mama, wir gehen es an!"

Ich umarmte sie, gab ihr links und rechts einen Kuss auf die Wange und wollte aufstehen. Sie sah mich an und zog mich ein letztes Mal mit den Worten „Du holst mich eh wieder ab!" zu sich.

Ganz kurz dachte ich an die Geschichte von der Frau mit der Handtasche.

Ich setzte mich noch einmal zu ihr, nahm ihre Hand und sagte: „Du, Oma. Ich komme dich gerne bald wieder besuchen, aber jetzt bleibst du da! Bettina und ich fahren nach Pöllau." Ich umarmte sie noch einmal und stand auf. Bettina verabschiedete sich mit ähnlichen Worten.

Bevor wir beide zur Tür hinausgingen, sagte sie noch: „Richtet allen, die mich kennen, einen schönen Gruß aus!" Bettina und ich schmunzelten. Schließlich war das ein Standardsatz, den sie sehr gerne und oft verwendete.

Die Heimfahrt war anfangs ruhig, bis plötzlich viele Emotionen auf einmal durch meinen Körper schossen. An einem kleinen Parkplatz am Waldrand musste ich stehen bleiben. Dicke Tränen rannten über mein Gesicht. Ich lachte und weinte zugleich. Bettina nahm mich in den Arm, und ich heulte noch mehr. Es waren befreiende Tränen und ein Lachen, das schon fast ins Hysterische ging. Gott sei Dank sah mich gerade niemand aus der Psychiatrie. An ein Weiterfahren war nicht zu denken. Bettina übernahm und fuhr den Rest des Weges nach Hause.

Im darauffolgenden Urlaub, gemeinsam mit meiner Familie, feierte ich still die neu gewonnene Unabhängigkeit. Ich war glücklich. Die neuen Möglichkeiten musste ich erst realisieren.

Ich konnte jeden Tag ein Stück weit mehr abschalten und genoss die Tage.

Zu Hause kam dann wieder ein kleiner Flashback.[27] Den früheren Wohnbereich meiner Mutter konnte ich lange Zeit nicht betreten beziehungsweise ich hatte Unbehagen dabei.

Selbst das Datum am Abreißkalender blieb lange Zeit unverändert.

---

27 Der Begriff „Flashback" bezeichnet ein psychologisches Phänomen, welches durch einen Schlüsselreiz hervorgerufen wird. Die betroffene Person hat dann ein plötzliches, für gewöhnlich kraftvolles Wiedererleben eines vergangenen Erlebnisses oder früherer Gefühlszustände.

Julian Nussgraber

5. Ein stummes Lächeln

Bald nach dem Urlaub besuchte ich Mutter im Seniorenzentrum auf der Laßnitzhöhe. Gudrun hatte sie schon besucht, und Gerda war ebenfalls einmal bei ihr gewesen und hatte nur Gutes berichtet.

Ich brach also auf. Bei der Fahrt zu ihr schaltete ich bewusst kein Radio ein. Ich wollte die Stille nach den ereignisreichen Wochen genießen. Die Verantwortung rund um die Pflege abgegeben zu haben, hatte gut getan. Eine Woche Urlaub, mit der Familie, hatte ebenfalls gut getan. Die Möglichkeit, zur Ruhe zu kommen, tat gut.

Nun saß ich also im Auto und fuhr auf Besuch zu meiner Mutter. Diesen Menschen, der mich geprägt hat, den ich die letzten Jahre täglich durch den Alltag begleitet habe, nach dem sich mein Freizeitverhalten und alles rundherum orientiert hat, fahre ich einfach besuchen.

Nur besuchen. Weiter nichts. Rein zu ihr, „Hallo wie geht es?" fragen, einen Kaffee trinken und wieder nach Hause. Einfach nur besuchen.

Nach kurzer Zeit war mein Kopf schon wieder voller Fragen: „Habe ich alles mit, was ich versprochen habe? Wie wird Mutter reagieren, wenn ich komme? Wie geht es ihr? Wird sie mich noch kennen? Habe ich alles Richtige gemacht?"

Bevor ich wieder in eine Spirale von sich immer drehenden Gedanken kommen konnte, schaltete ich dann doch den Radio ein und hörte laut Hardcore-Rockmusik.

Im Seniorenzentrum angekommen, ging ich auf Mutters Station. Ich sah sie schon von weitem durch ein rundes Fenster in der Tür. Sie saß mit anderen Bewohnern am Mittagstisch und wartete auf das Essen. Sie sah sehr gepflegt aus. Hatte ihre Brille auf und starrte in den Raum. Es schien so, als ob sie ins Narrenkastl schauen würde. Ich ging hinein und grüßte die Runde. Kaum jemand nahm wirklich Notiz von mir.

Ich ging zu Mutter, gab ihr die Hand und sagte: „Grüß dich, Oma! Wie geht's?" Sie sah langsam zu mir hoch und sagte ebenfalls: „Grüß dich, Oma! Wie geht's?", blickte mich erst etwas verwundert an und lachte. Sie ergänzte: „Wie die anderen wollen!", und lachte weiter.

Ich war etwas irritiert, doch es schien ihr gut zu gehen. Nach dem Mittagessen drehte ich mit ihr eine kleine Runde im Garten. Sie sprach kaum etwas.

Ich fragte, was sie gemacht hatte, wie das Essen war, ob sie jemand besucht hatte. Ob sie letzte Nacht auch so ein Gewitter gehabt hatten, wie wir zu Hause. Auf jede Frage gab sie nur kurze und sehr leise Antworten. Meist blieb sie stumm und hörte zu.

Ich merkte, dass es anstrengend für sie war. Schließlich legte sie sich auch zu Hause gerne nach dem Mittagessen ein wenig hin. Wir gingen also auf ihr Zimmer. Dort zeigte ich ihr die aktuellen Ausgaben unseres Pfarrblattes und der Gemeindezeitung. Ich las vor, sah Bilder mit ihr an und zeigte Urlaubsfotos auf dem Tablet.

Stille. Mutter blieb ruhig, sagte kaum ein Wort und lächelte. Es war mühsam. Ich fragte sie, ob sie wisse, wer ich bin. Ebenfalls keine Antwort!

Bevor ich ging, erkundigte ich mich beim Pflegepersonal über ihren allgemeinen Gesundheitszustand. Sie erzählten, dass Mutter zu Mittag gerne einmal ein Lied anstimmte, beim Animationsprogramm aktiv mitmachte und wie begeistert alle über ihre Rechenstärke seien.

Während des Gespräches begann Mutter zu zählen: 100, 93, 86, 79 …

Sonst gab es nichts. Es war alles in Ordnung. Es ging ihr gut. Als ich mich bei den Pflegerinnen verabschiedete, verabschiedete sie sich gleich mit und bedankte sich. Sie dachte wohl, dass sie mit nach Hause kommen würde.

Ich merkte, dass es nun auch für mich anstrengend wurde und gut passte, wieder nach Hause zu fahren.

Als ich mich bei Mutter verabschiedete, verabschiedete sie sich mit den Worten: „Da Werner, dass du da bist? Na sowas!"

Ich blieb also noch ein wenig. Beim zweiten Versuch, mich zu verabschieden, kam ich ihr gleich zuvor und sagte: „Ich werde allen, die dich kennen, einen schönen Gruß von dir ausrichten!" Wir lächelten gemeinsam.

„Alles glatt gegangen!" dachte ich. „Ihr geht es gut. Sie ist gut versorgt. Alles bestens."

Bei der Heimfahrt ging mir wieder einiges durch den Kopf. Ich hatte zu viele Fragen gestellt und sie überfordert, als ob ich keine Ahnung gehabt hätte, wie man mit dementen Personen umging. Es hätte gereicht, da zu sein und den Moment zu genießen, doch so weit war ich noch nicht. Ich war ihr Sohn und in diesem Moment keine Fachkraft mehr.

Natürlich begleitete mich auch ein Stück weit schlechtes Gewissen und wieder laute hardcore Rock-Musik.

Ich lächelte und heulte ganz leise.

Richard Kindl, Chance B, *Tagesförderstätte u. Wohnverbund Gleisdorf*

6. Da Heim

Nach nur einem Monat im Seniorenzentrum in der Laßnitzhöhe konnte Mutter ins Seniorenzentrum nach Pöllau wechseln. Es war ein Anruf der Heimleitung, nachdem ein Bewohner verstorben und ein Zimmer frei geworden war, der alles noch ein Stück leichter machte.

Es brachte den Riesenvorteil, dass ich keine so emotionalen Autofahrten mehr hatte und Hardcore-Rockmusik entspannt zu Hause hören konnte.

Es war ein Gehweg von ein paar Minuten zu ihr. Wir kannten viele Pflegekräfte, die dort arbeiteten, und auch einige Bewohner des Hauses.

Ich hatte vom ersten Tag an ein sehr gutes Gefühl. Es wurde immer wertschätzend und sehr liebevoll, mit ihr umgegangen. Besuche gingen nun wirklich kurz und spontan.

Ein Vater, dessen Kind in einem Wohnhaus für Menschen mit Behinderung lebt, sagte einmal zu mir über die Wohnsituation seiner Tochter: „Ja, wir sind sehr zufrieden mit dem Haus, aber es braucht unserer Meinung nach doch die regelmäßige Präsenz, damit der gewünschte Qualitätsstandart erhalten bleibt!"

So ähnlich hielt es auch ich mit meinen Besuchen.

Besonders gefiel mir der Umstand, dass Mutter immer wieder Besuch von Bekannten bekam und durch das rege Treiben im Haus oder bei Spaziergängen Leute treffen konnte, die sie kannten.

Ich bekam dann von Freunden die Rückmeldung, wenn sie wieder wo gesehen wurde oder eine Gruppe vom Seniorenzentrum im Schloss-Café gewesen war.

Einmal kam Frau Auer auf mich zu und sagte: „Heute war ich im Heim draußen und habe deine Mutter gesehen! Ich glaube aber nicht, dass sie mich erkannt hat."

„Ich ging auf sie zu", erzählte sie weiter, „und habe sie begrüßt. Ich habe sie gefragt, ob sie mich kennt. Habe aber keine Antwort bekommen. Erst als ich sagte, dass ich die Maria bin und ihre Nachbarin war, hat sie mich freudig begrüßt und gesagt: Da schau her, ich heiße auch Maria, darfst Nussi zu mir sagen! Ab diesem Zeitpunkt hat sie mich immer mit: Da schau her, die Maria ist auch da! Angesprochen, wenn wir uns begegnet sind."

Auch viele andere Bekannte berichteten, dass Mutter sie im Seniorenzentrum nicht erkannt habe.

Umso spannender war es, als ich sie dann später im Mai zu einer Andachtsfeier in die Halperkapelle mitnahm. Dort kannte sie dieselben Personen oft sogar mit Vornamen und begrüßte generell jeden mit Handschlag. Sie wirkte dabei in ihrem Tun oft ruhelos, aber glücklich.

Einmal holte ich sie ab, um Schuhe mit ihr zu kaufen.

Fast wie in alten Zeiten hing sie sich bei mir ein, und wir marschierten in Richtung Ortskern, wo wir früher immer spazieren gegangen waren. Wir kamen beim Schloss-Café und Bierstüberl vorbei, machten eine Extrarunde über den Hauptplatz und gingen direkt über den Innenhof unseres Hauses in das Schuhgeschäft unserer Nachbarn.

Das Pflegepersonal hatte schon zuvor von ihrem Wandertrieb berichtet, den ich zwar kannte, aber noch nie so extrem erlebt hatte.

Es schien Mutter egal zu sein, wo wir gerade waren. Der innere Drang, in Bewegung zu bleiben, war größer.

Im Geschäft wirkte sie zeitweise getrieben und schien keine Notiz an ihrem Umfeld zu nehmen. Obwohl wir gerade erst gekommen waren, wollte sie schon wieder weiter. Sie schaffte es kaum, länger als eine Minute sitzen zu bleiben und probierte dennoch jeden Schuh, den wir ihr brachten. Peter und Gabi waren auch im Geschäft. Mutter scherzte bei Gesprächen mit, doch hatte ich das Gefühl, dass sie in diesem Moment nicht wusste, wo wir waren und mit wem sie sprach. Nach dem Einkauf wollte ich bewusst langsam durch den Innenhof gehen, um zu eruieren, ob sie erkannte, wo wir gerade waren, oder vielleicht gar nach Hause in ihre alte Wohnung gehen wollte. Aber es kam keine Reaktion. Mutter schien weiter getrieben zu sein und sah kaum um sich und zeigte auch kein Interesse an ihrer Umgebung. Für sie hatte ihre alte Heimat keine Bedeutung. Selbst als ich sie darauf ansprach und bewusst machen wollte, wo wir gerade waren, kam nur ein kurzes: „Achso!? Wenn du das sagst?!"

Es brach mir fast das Herz, sie so orientierungslos zu erleben. Ganz kurz, und vielleicht auch sehr aus dem Zusammenhang gerissen, musste ich an das Zitat von Hugo Sperber aus Tante Jolesch denken: „Herr Vorsitzender – mein Klient verblödet mir unter der Hand!"[28]
Meine persönliche Unsicherheit und eigentlich tiefe Trauer über die Situation trieb mich gedanklich fast zu sarkastisch anmutender Höchstleistung. Ich stellte mir vor, wie es wohl sein würde, wenn ich zu Mutter sagte: „Vergiss es!"

Spontan kehrten wir beim Kirchenwirt ein. Noch vor der Eingangstür flüsterte ich Mutter die Namen der Wirtsleute, die sie wirklich schon sehr lange kannten, zu, um ihr Sicherheit zu geben. Es war gerade wenig Betrieb, und Gerti setzte sich zu uns an den Tisch. „Na, wie geht es euch?" Mutter erwiderte spontan: „So wie die andern wollen", und lachte.
Ich erzählte Gerti, was die letzten Monate alles passiert war und was sie ohnehin schon wusste. Sie machte mir ein Kompliment: „Gut siehst du aus!"
Im ersten Moment konnte ich damit gar nichts anfangen. „Versteh mich nicht falsch", sprach Gerti weiter, „aber zwischendurch hast du wirklich schlecht ausgesehen! Die Leute haben schon geredet, dass du es nicht mehr lange aushältst."

---

28 Friedrich Torberg, Die Tante Jolesch oder Der Untergang des Abendlandes in Anekdoten, Deutscher Taschenbuch Verlag, München 1977

Sie erzählte weiter, dass mich einmal ihr Mann früh morgens betrunken von unserer Ortsdisko heimmarschieren gesehen hatte und ich immer wieder im Bierstüberl gesehen wurde. Außerdem hatte mich Frau Gloria einmal durchs Fenster tanzen gesehen.

Ich sagte ihr natürlich, dass ich damals mit Christoph unterwegs gewesen war und die Sache überhaupt nichts mit meiner Mutter zu tun hatte. Ich musste natürlich gleich provokant nachfragen, warum uns ihr Mann denn dann nicht mitgenommen hatte und fragte, was er um diese Uhrzeit unterwegs gemacht hatte.

Gertis trockene Antwort darauf: „Er hatte Taxidienst, und die paar Euro kann sich wirklich jeder leisten!"

Ich merkte aber in diesem Moment auch wieder, wie sehr man in unserer kleinen Gemeinde unter Beobachtung stand.

„Weißt du?", erzählte Gerti weiter, „man liest ja immer wieder in der Zeitung so grausliche Geschichten über Leute, die mit solchen Schicksalsschlägen nicht fertig werden, es nicht verkraften können, wenn jemand aus der Familie zum vollen Tschapperl wird und die pflegenden Männer dann Amok laufen. Aber du bist da ja anders, du bist vom Fach. Ich habe mir wirklich Sorgen um euch gemacht!"

Kurz überlegte ich, ob ich sagen sollte, dass ich vielleicht gar nicht so anders war, tat es dann aber doch nicht, und nur zu mir selbst sagte ich: „Vergiss es!"

Wir haben uns weiter gut unterhalten. Gerti wusste auch zu berichten, dass Gloria immer verwirrter wurde und ungepflegt außer Haus ging. Vor kurzem sei sie im Lokal gewesen und habe um ein Taxi gefragt, obwohl sie nur eine Straße weiter wohne.

Mutter stand auf und ging durch das Wirtshaus. Sie stellte sich zu einem Gast, der an der Bar stand, und begann zu singen: „Ja, ja, der Wein ist guat, I brauch kan neuen Huat, I setz den alten auf, bevor i Wasser sauf!"[29]

---

[29] H. Strecker u. J. Gribitz, Ja Ja der Wein ist gut, bekanntes Wienerlied, Gesungen von Paul Hörbiger mit dem Schrammel-Quartett Dietrich 1932

Mutter war körperlich fit, sprach wieder mehr als noch vor ein paar Monaten und kommunizierte mit ein paar Sätzen, die sie geschickt einsetzen konnte, immer wieder gerne.

Allerdings machte mir ihr Wandertrieb Sorgen. So verwunderte es mich nicht, dass kurze Zeit nach unserem Einkaufstag die Frage seitens des Seniorenzentrums an mich kam, ob es angesichts ihrer Desorientiertheit in Ordnung sei, wenn Oma einen Chip in ihren Schuh bekam, um alarmiert zu werden, wenn sie das Haus verließ.

Im selben Jahr hatte Jan Firmung. Es war eine gute Gelegenheit, die Familie wieder etwas näher zusammenzuholen. Mutter war in der Kirche und beim anschließenden Essen beim Kirchenwirt nicht mit. Wir hatten Sorge, dass ihr der Tag sonst zu anstrengend würde. Ich holte sie aber zum gemeinsamen Kuchenessen zu uns nach Hause.

Wir feierten in ihrem ehemaligen Wohnbereich. Es waren neben der Familie von Bettina alle Kinder, Schwiegerkinder, Enkel und Urenkel meiner Mutter versammelt.

Im Vorfeld hatte ich noch gedacht, dass das alles eine gute Idee war. Doch hatte ich auch Sorge, dass sie mit der Situation nicht zurechtkam.

Sie wurde von den vielen ihr bekannten oder unbekannten Menschen, die sie ganz besonders herzlich in die Mitte holen wollten, regelrecht überfordert.

Sie gab jedem die Hand und grüßte freundlich, doch mit den Namen tat sie sich schwer. Der Großteil der Gäste verstand das relativ rasch, und sie sagten gleich dazu, wer sie waren, um ein peinliches Ratespiel umgehen zu können. Nach der Begrüßungsrunde setzte ich sie an einen Platz, von wo sie alles gut im Auge hatte. Was ich nicht bedacht hatte, war, dass ein Keksteller direkt vor ihrer Nase stand und binnen kürzester Zeit leer gegessen wurde. Aber so blieb sie zumindest eine Weile sitzen.

Sie war mitten in unserer Runde. Für mich war das genug.
Doch ihre Enkel und Urenkel wollten sich mit ihr unterhalten, stellten Fragen und versuchten, sie in unser Gespräch einzubinden. Mutter begann zu singen, und wir sangen mit. Allerdings wurde sie auch rasch müde und wollte, als die ersten Gäste nach Hause gingen, auch selbst wieder zurück ins Seniorenzentrum. Sie war erschöpft.

Ob der gemeinsame Nachmittag Mutter gut getan hat, kann ich nicht sagen. Mir, und ich glaube auch Gudrun und den anderen Familienmitgliedern, hat es gut getan, sie wieder einmal in unserer Mitte unter so vielen Verwandten haben zu können.

Später besuchte ich Mutter oft einfach nur, um ihr zu erzählen, was gerade bei uns zu Hause los war oder mich persönlich aktuell bewegte oder beschäftigte. Ich wusste in ihr eine gute Zuhörerin, die keine Fragen stellte. Ebenfalls war ich mir sicher, dass sie alles, was ich ihr sagte, vertraulich behandelte.
„Vergiss es", habe ich kein einziges Mal zu ihr gesagt!

Noch hat sie mich jedes Mal mit dem richtigen Namen angesprochen. Mir ist aber auch bewusst, dass der Tag kommen kann, an dem es nicht mehr so ist.

Bei der Eingangstür ins Seniorenzentrum stand auf einem kleinen Tisch ein Korb, aus dem man Röllchen mit Zitaten und Lebensweisheiten ziehen konnte.
Ich machte es mir zur Angewohnheit, regelmäßig einen Spruch daraus mit nach Hause zu nehmen.
Oft waren es Sätze, die mich ansprachen oder zum Nachdenken anregten.

Clemens Nussgraber

7. Der Ewige Kreis

So wie ich oft zwischen Weihnachten und Neujahr versucht habe, mir etwas Zeit zu nehmen, um das zu Ende gehende Jahr ein wenig Revue passieren zu lassen, so hatte ich nun endlich die Zeit, diese letzten Jahre mit Mutter gut zu reflektieren und abzuschließen.

Mitzuerleben, wie ein geliebter Mensch der eigenen Wahrnehmung Schritt für Schritt nicht mehr trauen kann und wie seine Erinnerungen schwinden, ist nicht einfach und sehr oft grausam. Frustration und Erschöpfung waren damit bei allen Beteiligten fast vorprogrammiert.

Es gibt so viele Einflüsse, die bewusst wie auch unbewusst auf einen zukommen und in der Situation nur schwer zu benennen sind.
Es ist die Biographie. Die eigene wie auch die des zu begleitenden Menschen. Es ist das Umfeld, das Menschenbild, die Lebenseinstellung, die soziale Stellung. Es sind Erwartungen, Haltungen, gesellschaftlicher Druck, familiäre Verpflichtungen und vieles mehr.

Ein gutes Selbstwertgefühl, fachliche Kompetenz und Empathie können helfen, sind aber mit Sicherheit kein Garant für eine gute Begleitung.

Es ist viel passiert! Viele Begegnungen und spannende Momente. Viele Hochs und viele Tiefs.

Mit der Offenheit, mich auf etwas einzulassen, der Zeit, die ich mir nahm, und der Zuversicht, schwierige Situationen meistern zu können, ging es, den oft herausfordernden Daudalau zu meistern.

Am Ende bleibt nicht die Frage „Wie kannst oder konntest du nur?"

Es bleibt die Erinnerung! … Oder bleibt nichts? …

Oma hatte ihren Platz und war in guten Händen. Auch ich war auf dem Weg zurück in meine Mitte. Langsam pendelte sich vieles wieder ein. Ich konnte Vollzeit arbeiten gehen und Freizeit tatsächlich wieder als freie Zeit wahrnehmen.

Vieles genoss ich ein Stück weit bewusster als vor meiner Arbeit als pflegender Angehöriger.

Vieles, wie beispielsweise ein Tinnitus, wird bleiben.

Vieles konnte ich neu überdenken, und vieles wird auch noch Zeit brauchen.

Ich hatte wieder begonnen, Konzerte, Partys und Veranstaltungen zu besuchen, ohne in der Sorge bei Mutter zu sein. Ich traf mich regelmäßig mit Freunden und plante zweisame Wochenenden mit Bettina.

Ich freute mich auf bevorstehende Projekte, ging tanzen, machte Yoga, hatte einen neuen Termin bei Pamela vereinbart und mir fest vorgenommen, wieder regelmäßig ins Fitnessstudio zu gehen.

Ich lernte, achtsam mit mir umzugehen. Konnte Verständnis und Wertschätzung annehmen und bekam die Gewissheit darin, das Richtige getan zu haben.

Einiges würde ich sicher nicht mehr so machen. Doch im Großen und Ganzen war ich zufrieden. Ich konnte loslassen, war frei von der Vergangenheit und weiter im Glauben, dass diese Zeit gut und wichtig war.

Bei einem meiner letzten Besuche im Seniorenzentrum nahm ich, nachdem ich mich von Mutter verabschiedet habe, aus dem Korb an der Eingangstür ein Röllchen mit dem Text:

„Alles, was ich über das Leben gelernt habe, kann ich in drei Worte zusammenfassen: Es geht weiter."

...
Es wird vielleicht auch noch die Todesstunde
Uns neuen Räumen jung entgegen senden,
Des Lebens Ruf an uns wird niemals enden ...
Wohlan denn, Herz, nimm Abschied und gesunde!

Und jedem Anfang wohnt ein Zauber inne,
Der uns beschützt und der uns hilft, zu leben.[30]

---

30 Hermann Hesse, Sämtliche Gedichte in einem Band, Stufen, Suhrkamp Verlag, Frankfurt am Main 1995

Karin Steinhöfler, Lebenshilfe Hartberg, *Tageswerkstätte Pöllau*

FÜNFTES KAPITEL

1. Bildernachweis

Die Bilder in diesem Buch sind zum Teil durch Vorlesen von Geschichten oder während einer geführten Meditation entstanden.

Die Fragestellungen dazu waren:
  Wie fühlt man sich, wenn man verwirrt oder unsicher ist?
  Wie ist es, wenn man betreut, gepflegt wird, man sich nicht auskennt, man alles vergisst oder immer andere über einen bestimmen beziehungsweise man keine Ahnung hat, was gerade passiert?

Ein Teil der Bilder beschreibt Gefühle. Ein Teil der Bilder Alltagshandlungen. Einige Bilder sind auch aus dem Fundus der Lebenshilfe Hartberg, Tageswerkstätte Pöllau.

Alle Bilder wurden mit ausdrücklicher Genehmigung der Künstler beziehungsweise deren gesetzlichen Vertretern für dieses Buch zur Verfügung gestellt.

2. Danke

Neben den Künstlerinnen und Künstlern gilt ein großer Dank den Korrekturleserinnen und Korrekturlesern sowie Personen, die sich dem Text angenommen und wertvolle Tipps dazu gegeben haben. Allen voran meiner Frau Beate, meinem Schwiegervater Erich Seebauer, meinen „Schwiegerbrüdern" Leonard und Clemens sowie meinen Söhnen.

Danke meiner Tante für das Ermöglichen der ein oder anderen beschriebenen Auszeit, ebenso wie meiner Schwester.

Ein weiterer Dank gilt Andrea Stix, von der FELiX Beratungsgruppe.at OG 2230 Gänserndorf, Brunnengasse 21/6 www.felix-demenzbegleitung.at, für die freundliche Genehmigung ihren, unter Punkt 2.15 zitierten, Texte verwenden zu dürfen.

Doch ein ganz besonderer und spezieller Dank gilt natürlich, der Inspirationsquelle und Ideenbringerin schlechthin, meiner Mutter.

Werner Nussgraber
Geboren 1973
Verheiratet, zwei Kinder,
Diplomierter Sozialbetreuer
und Pflegender Angehöriger

Maria Nussgraber
Geboren 1939
Verwitwet, zwei Kinder,
Geschäftsfrau in Ruhe
und dement

Bewerten Sie dieses Buch auf unserer Homepage!

www.novumverlag.com

Der Autor

Werner Nussgraber, Jahrgang 1973, ist im österreichischen Pöllau beheimatet. Nach der Schule machte er eine Ausbildung als Einzelhandelskaufmann und arbeitete im elterlichen Geschäft für Baby- und Kinderbekleidung. Er legte die Unternehmerprüfung ab - und orientierte sich um.
Ein Freiwilliges Soziales Jahr brachte ihn in Kontakt mit Menschen, die mit Einschränkungen leben müssen. Diesem Bereich blieb er treu. Heute ist er diplomierter Sozialbetreuer, hat Frauen und Männer mit unterschiedlichen Handicaps begleitet, Erfahrungen als pädagogischer Leiter gesammelt und auf einer psychiatrischen Station gearbeitet.
Als seine Mutter dement wurde, nahm er eine Auszeit und widmete sich fünf Jahre lang ihrer Pflege.
Werner Nussgraber liebt Musik, Theater und Ausfahrten mit der Vespa. Er tanzt und schreibt gerne, interessiert sich für neue Technologien und entspannt gerne bei Yoga. Wichtig für ihn sind Unternehmungen mit Familie und Freunden.

novum VERLAG FÜR NEUAUTOREN

Der Verlag

„ *Wer aufhört besser zu werden, hat aufgehört gut zu sein!*

Basierend auf diesem Motto ist es dem novum Verlag ein Anliegen neue Manuskripte aufzuspüren, zu veröffentlichen und deren Autoren langfristig zu fördern. Mittlerweile gilt der 1997 gegründete und mehrfach prämierte Verlag als Spezialist für Neuautoren in Deutschland, Österreich und der Schweiz.

Für jedes neue Manuskript wird innerhalb weniger Wochen eine kostenfreie, unverbindliche Lektorats-Prüfung erstellt.

Weitere Informationen zum Verlag und seinen Büchern finden Sie im Internet unter:

w w w . n o v u m v e r l a g . c o m